The Porches of Île d'Orléans

LES GALERIES DES MAISONS DE L'ÎLE D'ORLÉANS

128

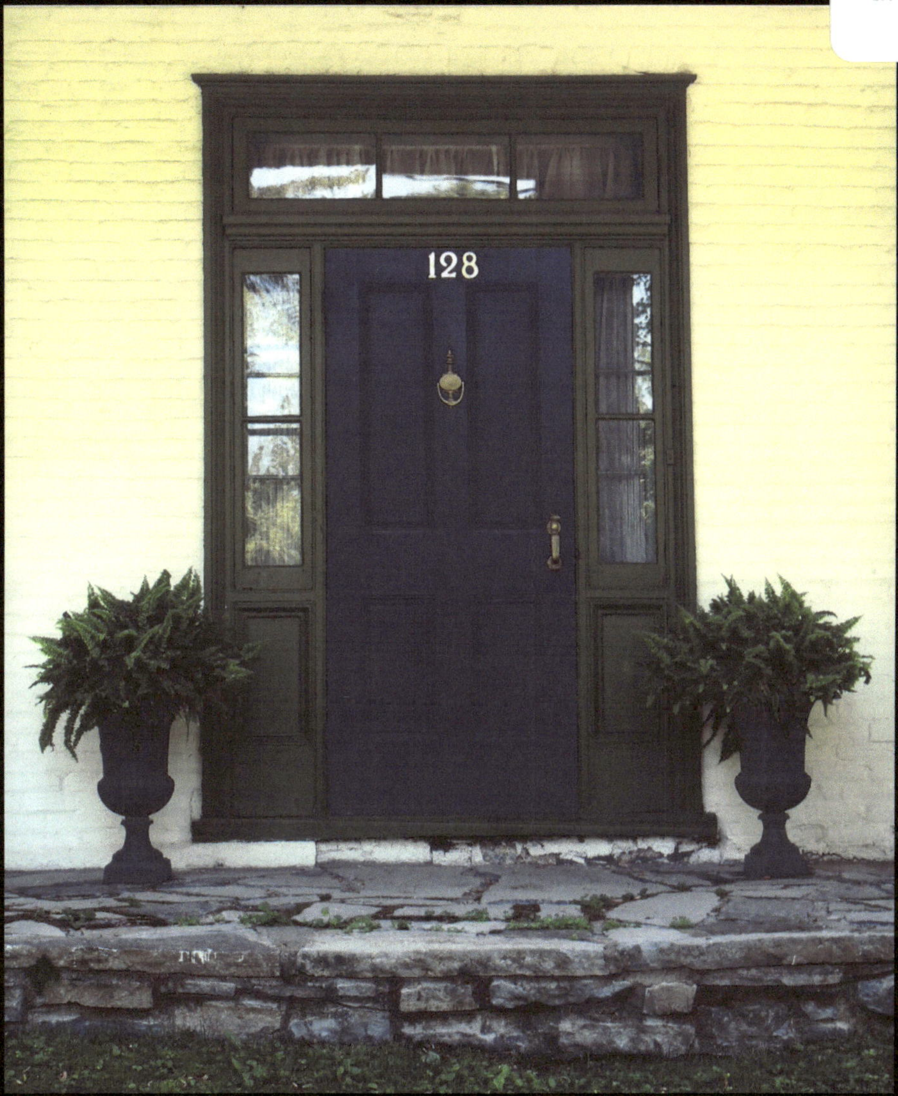

Seeing the Island through its Windows and Doors while Walking *Chemin Royal*

Voir l'île à travers ses fenêtres et ses portes tout en me baladant le chemin Royal

Debby Lee Jagerman-Dungan

Dedicated to my husband and my family, who support me in my travels.

Cet ouvrage est dédié à mon mari et à ma famille, qui me soutiennent dans tous mes voyages.

The Porches of Île d'Orléans: Seeing the Island through its Windows and Doors while Walking *Chemin Royal*

Published by: Windows and Doors Publishing, 2014, Renton, WA
WindowsAndDoorsPublishing@yahoo.com

ISBN-13: 978-0-9960830-0-3
ISBN-10: 0996083006
Library of Congress Control Number: 2014906779

For general travel blogs by Debby Lee Jagerman-Dungan, as Debby's Departures, please visit: debbysdepartures.com
For specific travel blogs on Île d'Orléans, please visit: debbysdepartures.com/category/ile-dorleans
For the list of "42 Reasons to Visit Île d'Orléans," please visit: debbysdepartures.com/42-reasons-to-visit-ile-dorleans

Debby's Departures on Facebook: facebook.com/DebbysDepartures
Contact: debbysdepartures@yahoo.com

Other books by Debby Lee Jagerman-Dungan, all available on Amazon.com:

Windows and Doors of the Camino de Santiago: A Collection of Photographs from the 775-Kilometer Camino Francés Pilgrimage across Northern Spain – including a few from the Camino Finisterre to Muxia

Windows and Doors of the Cotswolds: A Collection of Photographs of the Quintessential Colorful Flowers and Honey-Colored Cotswold Stone in the Land of Market Towns, Wool Churches, and Sheep Hills in England's Countryside

To Open and Unlock: A Collection of Photographs of Windows and Doors from Ten Countries

Windows of Porvoo (And a few Doors) [Finland]

Windows and Doors of the Lighthouses of the "Great Lakes Lighthouse Festival" - Including Towers, Keepers' Quarters, Fresnel Lenses, Sprial Staircases, Reflections, and Views from 14 Lighthouses in Northeastern Michigan

All French translation in book, and most of English translation on page 116, by Agathe Vergne: agathe.vergne@gmail.com

I remember the first time I visited Île d'Orléans. I fell in love with the island within just one hour. It was as if I had some magical connection with this island, yet I don't have any family history or other link, besides merely being a visitor and passing through on a guided tour. If I could pinpoint what it was that intrigued and charmed me so, I would have to say it was combination of several characteristics about Île d'Orléans.

My first impression with Île d'Orléans was the open, outdoor, country ambiance to the island. Most of the landscape of Île d'Orléans is farmland, consisting of fields and crops, farmhouses and barns. Trees and well-tended parks and gardens are sprinkled throughout. Île d'Orléans is surrounded by the waters of the Saint Lawrence River, with the contrasting background of mountainous Québec Province. It is an island where there are no fences between the homes and farms, and where people leave their clothes hanging out to dry on lines in the fresh air. I felt a warm, welcoming, comfortable feeling. It was like getting a hug from an old friend, or being wrapped in a warm blanket on a cold day.

Île d'Orléans has over forty food specialty shops and restaurants, and nearly twenty boutiques and galleries. My next impression of this island came from briefly visiting a total of only four of these businesses. At a *cidrerie* (a cider factory), I was given a taste of many delicious products that were all made from apples. At a farm, raspberries and blackcurrants were in all the delectable products that I sampled. I ate strawberries at a roadside stand that was selling fresh fruits and vegetables. And at the one arts and crafts gallery that I visited, I could not resist in buying myself a souvenir. However, in my hour, I felt that touring only four of nearly sixty shops was not enough, and I wanted to see and taste more. If I had known that I was going to feel this way, I would have arranged for my guided tour to be much longer.

Finally, I fell in love with the homes of Île d'Orléans, with their grand architecture. Not knowing much of the history of the island yet, I remember feeling like I was swept back in time, to an era of centuries ago. To an era of people savoring the outdoors and food of their island. To a place where the home was for family and friends visiting, sitting, talking, laughing, eating. All outdoors on a grand, inviting, hospitable porch. I would have loved to sit for a while on one of these porches during my visit, absorbing the serenity, scenery, and connection I was developing with this island.

From my first hour on Île d'Orléans, I knew I had to return to this island. My first impressions made me want to delve further into the island with which I fell in love.

My Walking *Chemin Royal* of Île d'Orléans

Île d'Orléans is an island of 73 square miles. One main road encircles the island. It is 42 miles long. It is called *Chemin Royal*, Royal Road. A French-Canadian singer-songwriter, Félix Leclerc, wrote a song about Île d'Orléans called *Le Tour de L' Île*, The Tour of the Island. In this song, he describes *Chemin Royal* as "forty-two miles of quiet things." There is only one stoplight along this road, and on the entire island.

Almost two years after my first visit to Île d'Orléans, when my guided tour was by car, I became one of the few people to walk the entire island, all 42 miles of *Chemin Royal*. I decided to do this because I love to walk when I travel. This was an ideal way for me to return to the island with which I had fallen in love. By exploring the island on foot, I felt that I could get to know it more intimately. By going at a slow and quiet pace, I could stop at a second's notice to savor something, everything. I was able to experience more of the comforting outdoors of the island, including the farmland, the parks, and the acres and acres of gardens. By walking, I was able to venture into many, many more of the food specialty shops, restaurants, boutiques, and galleries. In fact, I came up with a list of "42 reasons to visit Île d'Orléans," based on my being able to visit a lot more than four of those sixty shops. And I could focus much more on the architecture of Île d'Orléans, including churches, and the homes with their grand, inviting, hospitable porches.

During my journey of four days, with an average of ten miles a day, I passed through the six parishes of the island, each with its own agricultural specialty and history, Saint-Pierre, Sainte-Pétronille, Saint-Laurent, Saint-Jean, Saint-François, and Sainte-Famille. As I walked, I was greeted at each parish border with a welcoming "*bienvenue*" sign.

Most people travel the island by car or bicycle. For me, through walking, I was able to interpret what Félix Leclerc was talking about in describing the quiet *Chemin Royal* - the quiet energy of the land, the food, the artistry, the architecture, the people. Walking Île d'Orléans made me fall in love with the island all over again.

Agriculture, Food, Desserts, Drink, Restaurants, Accommodations, and Arts and Crafts of Île d'Orléans

Located near Québec City, Canada, the more than forty food specialty shops and restaurants of Île d'Orléans represent the island's abundant agricultural industry, and the nearly twenty boutiques and galleries represent over eighty local artists and craftspeople. All these businesses are small and intimate, with a feeling of home. No big shopping centers, no chain or commercial stores, no large supermarkets. Just locally-owned establishments, providing locally grown and made produce and products.

Fresh fruit and vegetables are widely available to eat and savor, whether buying from roadside stands, or picking your own in the orchards. An extensive variety of products are made on the island from these fruits. For example, grapes and blackcurrants are turned into wines, apples are prepared into ciders and pies, red and white currants are converted into vinegars, strawberries and raspberries are transformed into jams and jellies, maple is made into syrup, and milk is processed into cheese. Blueberries, corn, potatoes, and asparagus are just some of the other fruits and vegetables grown on Île d'Orléans.

For those with a sweet tooth, like me, the island has plenty of bakeries, boulangeries, sugar shacks, and *chocolateries*. When hungry for a full meal, there are gourmet restaurants, bistros, cafés, and pubs. When thirsty there are wineries and breweries. When tired there are nearly forty choices for accommodations, ranging from beds and breakfasts, and cottages, to a five-star campground.

For the shopper, the boutiques and galleries paint a beautiful picture of the island, whether through paintings, sculptures, ceramics, silkscreen, stained glass, leather, jewelry, weaving, woodworking, or blacksmithing. Again, all locally created.

History, Culture, and Religion of Île d'Orléans

Île d'Orléans was first inhabited by the indigenous people the Hurons (Wyandots), who called the island *Minigo*, the "enchanted island."[1] The Algonquin natives, who mostly lived in Québec, referred to the island as *Ouindigo*, meaning, "bewitched place."[2] Clearly, they too sensed that there is something magical about Île d'Orléans.

In 1535 the island was "discovered" by the French explorer Jacques Cartier, and it was subsequently settled by the French, drawn to the island for its fertile land. The first parish, Sainte-Famille, was established in 1661, construction of the first church in that parish began in 1669, and in 1744 *Chemin Royal* was completed. It addition to its long agricultural history, because of its location on the Saint Lawrence River, Île d'Orléans also has a rich maritime history, including fishing and boat-building. In 1990, the entire island was designated a National Historic Site of Canada.[3] The 350-year old New France cultural heritage of Île d'Orléans is still apparent today.

The religious heritage of Île d'Orléans is evident in the six parishes, each of which has a grand church as its focal point. Most of these churches were built out of stone, and are still standing today after several centuries. There is much beauty, as well as religion and history, in the architecture, and in the art of the interior of the churches, from paintings and sculptures to stained glass windows. Religion is also scattered through Île d'Orléans through several procession chapels, roadside crosses, other religious monuments, and cemeteries.

Architecture of Île d'Orléans

The architecture of Île d'Orléans reflects its history and cultural heritage. Today there are more than 600 buildings and monuments on the island designated by the Government of Québec for their historical value, including churches, farms, and homes - the churches of each of the parishes, the farms producing all those fresh fruits and vegetables, and the homes, with their grand, inviting, hospitable porches.

Many of the houses still standing today date back to the 17th, 18th, and 19th centuries. The first houses on the island were built in a New France architectural style, modeled after the houses in France at the time. Some built out of stone, some built out of wood, even with thatched roofs. "The houses were small and centered around a fireplace that was used both for heat and cooking."[4]

Some homes on Île d'Orléans have also been built in a Québécois style, which can be described as a style with open porches, and where "windows and doors were often outlined in color."[5]

Porches, Windows, and Doors of Île d'Orléans

Windows and doors have been a favorite subject of mine to photograph when I travel. For over a decade, I have taken pictures of windows and doors in places from Québec City, Canada to Alaska, USA; from Spain and Italy to the Baltic Sea Countries; and from Ecuador to Cambodia, Vietnam, and Bhutan.

Remembering how I fell in love with Île d'Orléans, including the homes and their grand, inviting hospitable porches from my first impressions of the island, I made it a point that during my walking tour around *Chemin Royal*, I would capture as many photographs as I could of porches, windows, and doors. I ended up with over 100 pictures, mostly of the houses, but also of several barns, and one window on the side of a chapel. I also ventured onto a few side streets connected to *Chemin Royal* and took a few pictures. In focusing in on these pictures, I felt like I was recording, in my own way, the agriculture, food, desserts, drink, restaurants, accommodations, arts and crafts, history, culture, religion, and architecture of Île d'Orléans. It allowed me to connect further with this island that I fell in love with - I was seeing the island through its porches, windows, and doors.

These photographs, along with a few from my first visit to the island, have turned into this book.

The Year of Construction of the Homes of Île d'Orléans

As I was creating my book I discovered a website, which translates into English as the "Directory of Cultural Heritage of Québec." It covers many of the homes that I had photographed, including pictures which verify that I was looking at the right house, and to my delight, the year of its construction! Finding this website truly fascinated me. I actually felt like this deepened my magical connection to Île d'Orléans.

When I was able to verify a home on this website through its picture, I included the year of construction on the appropriate page in this book. For example, I discovered that homes were built in 1920, 1905, 1900, 1890, 1865, 1850, 1810, 1790, 1777, 1700, and as early as 1689!

On all pages throughout this book, I have included the name of the parish that the photographs are located.

Final Thoughts about my Photographs of Île d'Orléans

As you look at each photograph of the porches, windows, and doors of the homes, barns and chapel of Île d'Orléans, you will find that I arranged this book so that each opposing page has a common theme. That theme might be, for example, a color, an object, flowers or trees, a building material, or the stairs that lead up to the porches. However, each picture has other commonalities to other photographs throughout the book, not just on the opposing page.

It is my hope to have you imagine your own themes, based on your own experiences of Île d'Orléans that you see in my pictures. I hope for you also to reflect on your own observations, and your own impressions, about Île d'Orléans. Perhaps you will see, and even fall in love with the island, as I did on my first visit - and on my walking the *Chemin Royal* - through its porches, windows, and doors.

LES GALERIES DES MAISONS DE L'ÎLE D'ORLÉANS

Voir l'île à travers ses fenêtres et ses portes tout en me baladant le chemin Royal

Premières impressions sur l'île d'Orléans

Je me souviens très bien de ma première visite sur l'île d'Orléans; en quelques heures seulement, j'en étais tombée amoureuse. C'est comme si j'avais eu une sorte de connexion magique avec cette île, même si je n'y ai aucune histoire familiale ou aucun lien spécifique, à part celui d'avoir été une simple touriste le temps d'une visite guidée. Si je pouvais identifier exactement ce qui m'a intriguée autant que charmée, je dirais que c'est un heureux mélange des caractéristiques propres à l'île d'Orléans.

L'une de ces caractéristiques est que l'île d'Orléans est un endroit charmant et bucolique. Le paysage de l'île est rural; c'est une mosaïque de prairies et de champs, de fermes et de granges. Des terrains bien entretenus, des arbres et des jardins qui parsèment le tout. L'île d'Orléans est enlacée par les eaux du Fleuve Saint-Laurent, avec en arrière-plan le contraste des montagnes de la région de Québec. C'est une île où il n'y pas de clôtures entre les maisons et les fermes, et où les gens font sécher leurs vêtements au grand air, sur des cordes à linge. Je me suis tout de suite sentie à l'aise et je me sentais accueillie chaleureusement par ses habitants. C'était comme si une vieille amie me serrait dans ses bras, ou bien comme si je m'étais emmitouflée dans une couverture confortable un jour d'hiver.

L'île d'Orléans compte plus de quarante restaurants et petits commerces vendant des produits du terroir orléanais et près de vingt galeries d'art et boutiques d'artisanat. En visitant brièvement quatre de ces endroits, j'ai pu renforcer mes impressions sur l'île. Dans une cidrerie j'ai eu un aperçu des délices concoctés avec des pommes. Parmi les produits délicieux offerts par une ferme, j'ai pu déguster des framboises et du cassis. J'ai mangé des fraises qui provenaient d'un petit kiosque installé au bord de la route qui vendait des fruits et des légumes. Je n'ai pas pu m'empêcher de m'offrir un ou deux souvenirs d'une jolie boutique d'artisanat. Au bout d'un moment, je me suis rendue compte que visiter seulement quatre de ces soixante commerces n'était pas assez. Je voulais en voir plus et en goûter d'avantage. Si j'avais su que je ressentirais cette envie, je me serais arrangée pour que ma visite guidée soit bien plus longue.

Je suis également tombée amoureuse des maisons de l'île d'Orléans, de leur architecture splendide. Même si je ne connaissais pas encore bien l'histoire de l'île, je me souviens avoir fait un voyage dans le temps. Un temps où les habitants vivaient en harmonie avec leur environnement, un temps où ils profitaient de l'abondance offerte par leur île. Un endroit où la maison familiale était faite pour les amis de passage et où l'on refaisait le monde, tous ensemble en riant et en mangeant, assis sous une galerie magnifiquement invitante. Durant cette visite, j'aurais adoré pouvoir m'assoir sous l'une d'elles, et me laisser imprégner par la sérénité des lieux; absorber le paysage et me laisser gagner par le lien que j'étais en train de créer avec cette île.

Au moment précis où j'ai mis les pieds sur cette île, j'ai su que j'y retournerais. Ces premières impressions me donnèrent envie d'en savoir plus sur cet endroit dont j'étais véritablement tombée amoureuse.

L'île d'Orléans : ma balade sur le chemin Royal

L'île d'Orléans a une superficie de deux cent cinquante-huit kilomètres carrés. Une seule et unique route principale la ceinture; c'est le chemin Royal, long de soixante-huit kilomètres, soit 42 milles dans l'ancien système de mesure canadien. Le chanteur québécois Félix Leclerc a écrit une célèbre chanson à propos de l'île. Dans ce morceau il y décrit ce chemin comme «*42 milles de choses tranquilles*». D'ailleurs il n'y a qu'un seul feu de circulation le long de cette route, le seul et unique de toute l'île.

Presque deux ans après ma première visite que j'avais effectuée en voiture, je suis devenue l'une des rares personnes à avoir parcouru à pied l'île en son entier, les fameux 42 milles du chemin Royal. Quand je voyage, j'adore marcher et pour moi c'était une façon idéale de revenir sur cette île. En explorant l'île à pied j'ai pensé que je pouvais mieux entrer dans son intimité. En y allant à un rythme doux et paisible je savais que je pouvais me faire une deuxième impression sur tout ce que je désirais savoir et savourer, en prenant le temps. Ainsi, j'étais en mesure de mieux profiter des paysages de l'île, de ce qu'elle a à nous offrir : ses grands espaces et ses kilomètres de champs cultivés. En marchant, je pouvais enfin m'aventurer dans tous_ses petits commerces qui vendent des produits du terroir, ses restaurants, ses boutiques et ses galeries d'art. Je suis partie avec une liste des «42 bonnes raisons de visiter l'île d'Orléans,» basée sur mon envie de vouloir explorer bien plus que quatre des 60 endroits recommandés, comme je l'avais fait auparavant. Aussi, je pouvais mieux me concentrer sur l'architecture de l'île d'Orléans, ses églises, et bien sûr ses maisons patrimoniales, avec leurs magnifiques et invitantes galeries.

Pendant mon périple de quatre jours où je faisais une moyenne 15 kilomètres par jours, j'ai traversé les six paroisses de l'île, chacune d'entre elles ayant son unicité et son histoire bien à elle. Saint-Pierre, Sainte-Pétronille, Saint-Laurent, Saint-Jean, Saint-François, et Sainte-Famille. Tout au long de mon parcours, en traversant d'une municipalité à l'autre, j'étais accueillie par une pancarte de bienvenue comme le veut l'usage.

La plupart des gens se déplacent sur l'île en voiture ou en vélo, mais c'est en marchant que j'ai pu comprendre ce que voulait dire Félix Leclerc quand il parlait de la tranquillité du chemin Royal, de l'énergie paisible de la terre, de la nourriture, de l'art et de l'architecture, mais aussi des gens. C'est en la parcourant à pied que je suis de nouveau tombée amoureuse d'elle.

Agriculture, produits du terroir, desserts, breuvages, restaurants, hébergements, art et artisanat de l'île d'Orléans

Ce sont plus de 40 commerces spécialisés en alimentation qui représentent l'abondance agricole de l'île et une vingtaine de galeries d'art et de boutiques d'artisanat qui mettent en lumière le travail de près de 80 artistes et artisans. Tous ces endroits sont petits et intimistes et l'on s'y sent comme chez soi. Pas de centres commerciaux, pas de franchises et pas de grandes chaines d'épicerie. On y trouve plutôt ces petits commerces familiaux qui offrent des produits locaux.

Les fruits et les légumes frais sont prêts à être dégustés et on les achète dans des kiosques de ferme situés au bord de la route ou on va les cueillir soi-même, à la main, dans les vergers et dans les champs. On trouve toute une gamme de produits confectionnés avec ces fruits. Le raisin est transformé en vin, le cassis en liqueur, les pommes donnent du cidre et de délicieuses tartes. Les groseilles font du vinaigre, fraises et framboises sont transformées en confitures et en gelées. L'eau d'érable fait du sirop et le lait est transformé en fromage. Bleuets, maïs, pommes de terre et asperges viennent compléter le succulent éventail des produits de l'île d'Orléans.

Pour ceux qui ont la dent sucrée comme moi, l'île offre également des pâtisseries, boulangeries, confiseries et chocolateries. Et, lorsqu'on a faim pour un vrai bon repas, on trouve des restaurants gastronomiques, des bistros, des cafés et des pubs. Si vous avez une petite soif, il y a les vignobles, les cidreries et les brasseries. Enfin, pour se reposer, plus de quarante lieux d'hébergement vous accueillent, tels que des gîtes, des chalets, des auberges, jusqu'au camping cinq étoiles.

Pour ceux qui aiment magasiner, les boutiques et les galeries d'art représentent bien le savoir-faire de l'île, que ce soit à travers des peintures, des sculptures, de la céramique, de la peinture sur soie, du vitrail, du travail du cuir, mais aussi de la joaillerie, du tissage, du travail du bois ou bien encore de la ferronnerie; encore une fois tout est produit localement.

Histoire, culture, et religion sur l'île d'Orléans

Au commencement, l'île était habitée par les Hurons (Wyandots), qui appelaient l'île *Minigo,* soit «*l'île enchantée*».[1] La nation algonquine qui peuplait alors le Québec nommait quant à elle l'ile *Ouindigo* ce qui signifie «*lieu ensorcelé*».[2] Eux aussi ressentaient ce quelque chose de magique à propos de l'île d'Orléans.

En 1535 l'île a été «découverte» par l'explorateur français Jacques Cartier et fut colonisée par des Français attirés par la fertilité des terres. Sainte-Famille, la première paroisse de l'île, a été créée en 1661 et la construction de l'église y débuta en 1669, alors que le chemin Royal ne fut pour sa part terminé qu'en 1774. L'île d'Orléans, grâce à son emplacement privilégié sur le Saint-Laurent a, en plus de sa longue histoire agricole, une riche histoire maritime reliée à la pêche et à la construction navale. En 1990, l'île au grand complet a été désignée Site Historique National du Canada.[3] Le patrimoine culturel de la Nouvelle-France vieux de 350 ans est encore bien vivant sur l'île.

Au centre de chaque paroisse une grande église est construite et le patrimoine religieux de l'île d'Orléans est bien présent. La plupart de ces églises en pierre ont traversé le temps. On retrouve tant de beauté dans ces lieux de culte car l'histoire, la religion et l'art se mêlent dans des sculptures, des peintures et des vitraux magnifiques. On retrouve de l'art religieux un peu partout sur l'île : des chapelles le long des chemins de procession, des croix de chemin et des cimetières anciens.

Architecture de l'île d'Orléans

L'architecture de l'île d'Orléans reflète son histoire et son patrimoine culturel. Il y a à ce jour plus de 600 bâtiments et monuments qui ont été classés par le gouvernement du Québec pour leur valeur historique, ceci incluant les églises, les fermes et les maisons. Ces églises dans chacune des paroisses, ces fermes qui produisent aujourd'hui encore tous ces merveilleux fruits et légumes frais, et bien sûr, ces maisons avec leurs grandes et invitantes galeries.

La plupart de ces maisons datent des 17e, 18e, et 19e siècles et plusieurs furent bâties dans un style dit «Nouvelle-France», inspiré des maisons Françaises de l'époque. Les maisons étaient construites en pierre, et en bois, et même certaines avec un toit de chaume. «*Les maisons étaient petites et centrées autour du foyer qui servait à se chauffer et cuisiner.*»[4]

Quelques-unes des maisons de l'île d'Orléans ont aussi été construites selon le style dit «Québécois», qui présente certains caractères architecturaux typiques : galeries ouvertes et «fenêtres et portes encadrées de couleur.»[5]

Les galeries, les fenêtres, et les portes des maisons de l'île d'Orléans

Un de mes thèmes de prédilection lorsque je voyage sont les fenêtres et les portes. Pendant plus de dix ans j'ai pris en photo des fenêtres et des portes de la ville de Québec jusqu'en Alaska ; de l'Espagne à l'Italie jusqu'aux pays de la mer Baltique, de l'Équateur au Cambodge, du Vietnam au Bhoutan.

En me remémorant les raisons pour lesquelles je suis tombée en amour avec l'île d'Orléans, ses maisons et leurs magnifiques et invitantes galeries, j'ai mis un point d'honneur lors de mon périple à pied à prendre le plus de photos possibles de ces galeries, fenêtres et portes. Au final, j'ai pris plus de 100 photos; la plupart sont des clichés de maisons mais il y a aussi quelques photos de granges et un cliché bien particulier, celui d'une fenêtre sur le côté d'une chapelle. Je me suis également aventurée sur des chemins de traverses reliés au chemin Royal. En me concentrant sur ces photos, je me suis appropriée à ma manière l'agriculture, les produits du terroir, les desserts, les breuvages, les restaurants, les hébergements, l'art et l'artisanat, l'histoire, la culture, le patrimoine religieux, et architectural de l'île d'Orléans. Cela m'a permis de créer un lien encore plus intense avec cette île, en découvrant ses galeries, ses fenêtres et ses portes à travers le prisme de mon appareil photographique.

Ces photographies, dont quelques-unes ont été prises lors de mon premier séjour, ont donné vie à cet ouvrage.

L'année de construction des maisons de l'île d'Orléans

Pendant la création de ce livre, j'ai découvert un site internet formidable : le «*Répertoire du Patrimoine Culturel du Québec.*» Il répertorie beaucoup de bâtisses que j'ai prises en photo et m'a permis de confirmer que je parlais bien de la bonne maison, et pour mon plus grand plaisir la date de construction de chacune y était indiquée.

Quand j'étais capable de reconnaitre une maison sur ce site internet grâce à sa photo, j'ai mentionné son année de construction sur les pages correspondantes de ce livre. J'ai par exemple découvert que ces maisons ont été construites en 1920, 1905, 1900, 1890, 1865, 1850, 1810, 1790, 1777, 1700, et même 1689.

Sur chacune des pages de ce livre j'ai également inclus le nom de la paroisse où ont étés prises les photographies.

Un dernier mot sur mes photographies de l'île d'Orléans

Quand vous regardez mes photographies de galeries, de fenêtres, des portes, de maison, de granges et de chapelles de l'île d'Orléans, vous vous rendrez compte que j'ai disposé les photos sur les pages opposées de manière à ce qu'elles partagent une caractéristique commune. Cela peut être par exemple, une couleur, un objet, des fleurs ou des arbres, un matériau de construction, ou bien même les escaliers des galeries. Cela dit, les photographies de ce livre ont toutes des points en commun, pas simplement celles qui sont disposées les unes à côté des autres.

J'ai l'espoir que vous puissiez vous imaginer l'île à votre façon, en regardant mes clichés, afin de vous faire votre propre idée de ce qu'est l'île d'Orléans. Peut-être même que vous allez tomber en amour avec cette île, comme cela m'est arrivé lors de ma première visite, mais aussi en parcourant par la suite le chemin Royal et en y découvrant ses galeries, ses fenêtres et ses portes.

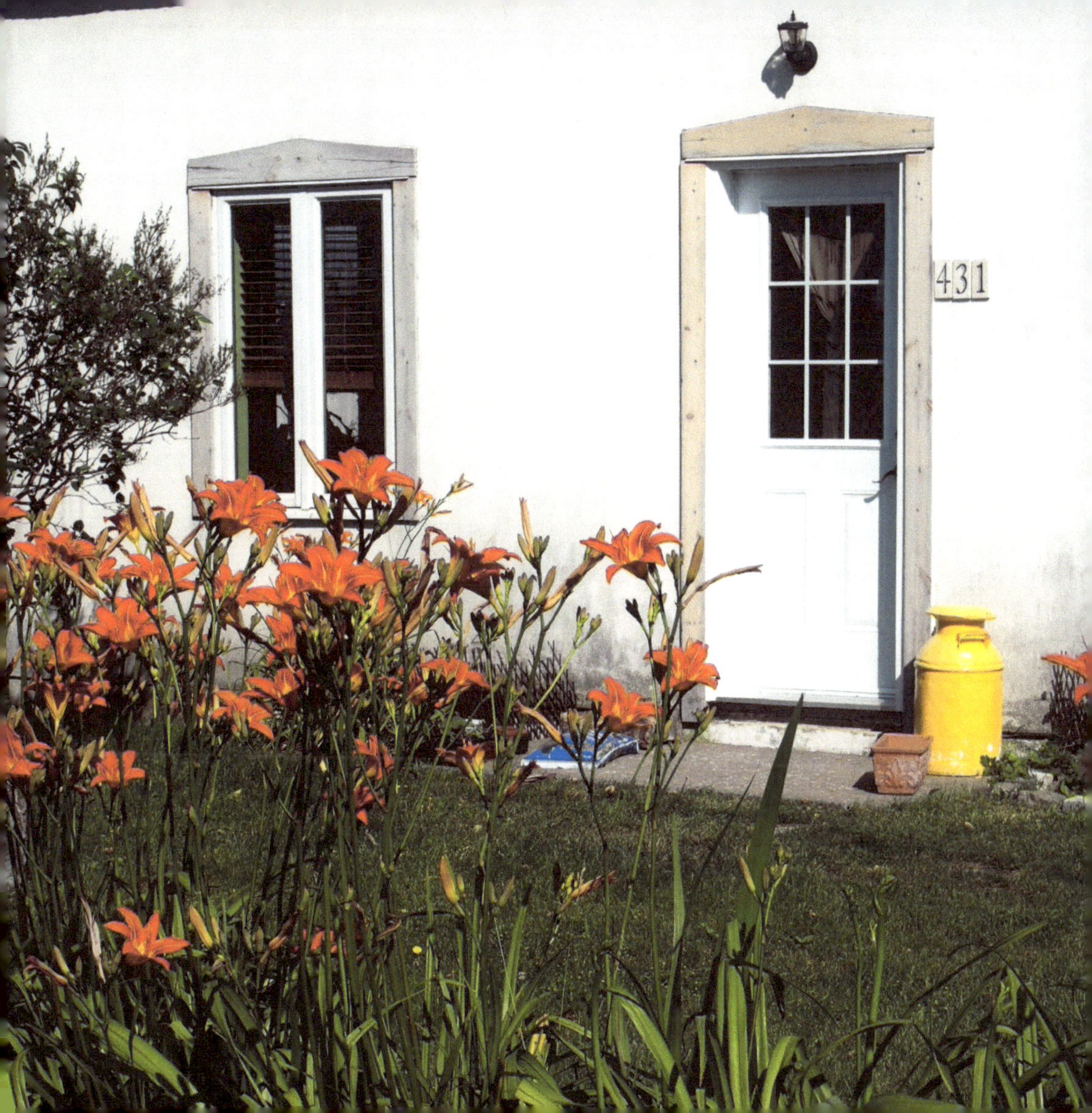
431

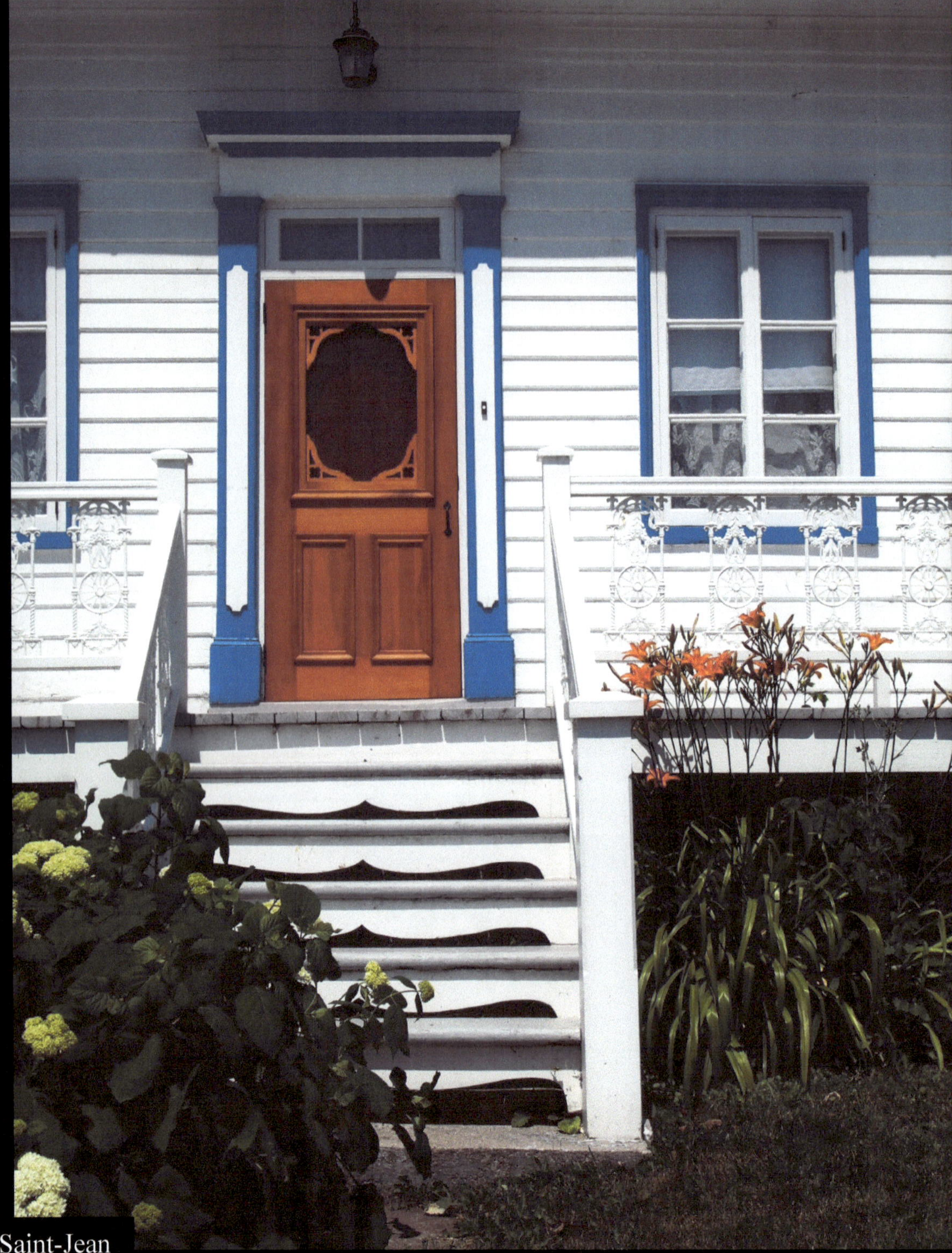

Saint-Jean

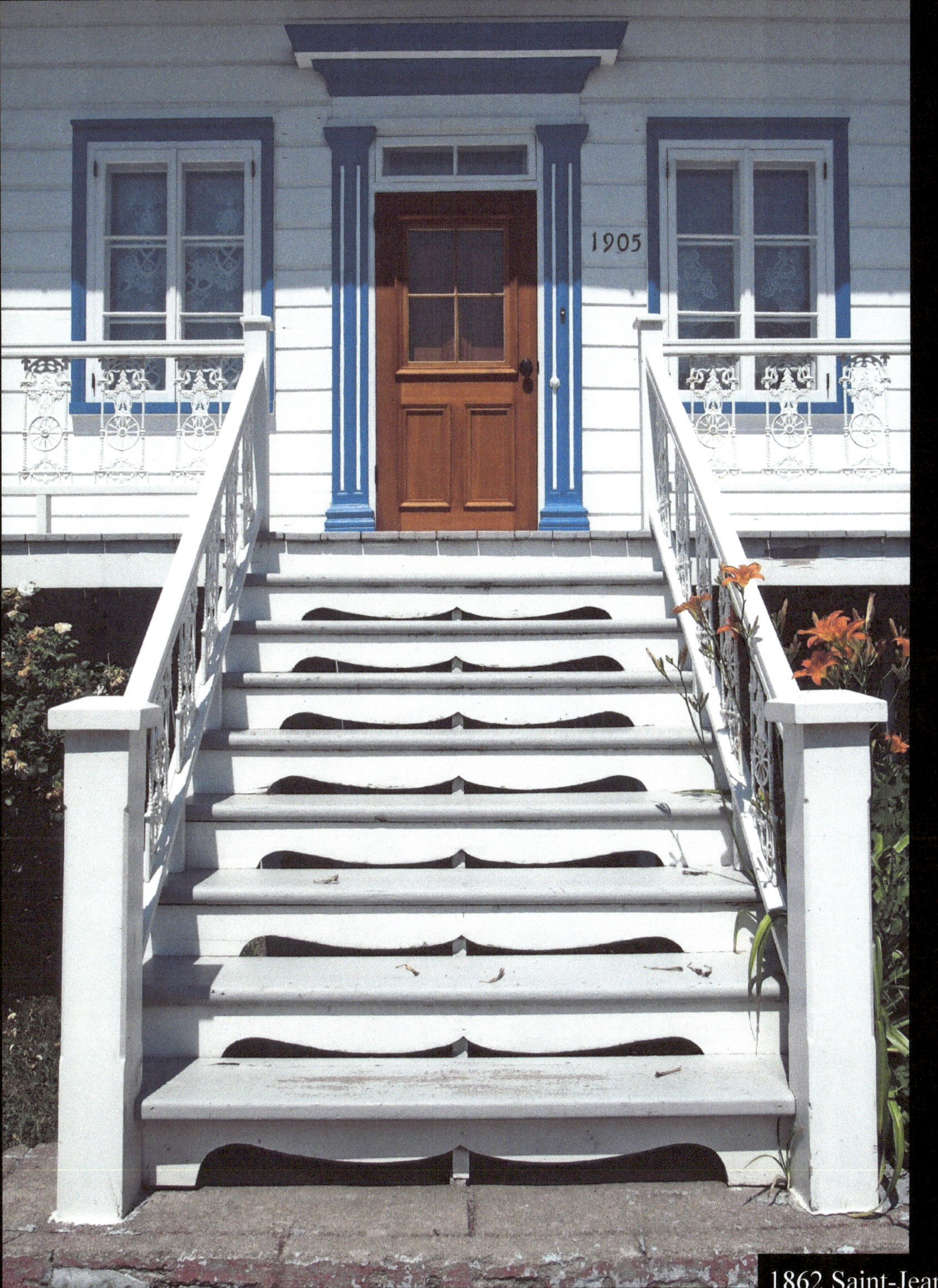

1862 Saint-Jean

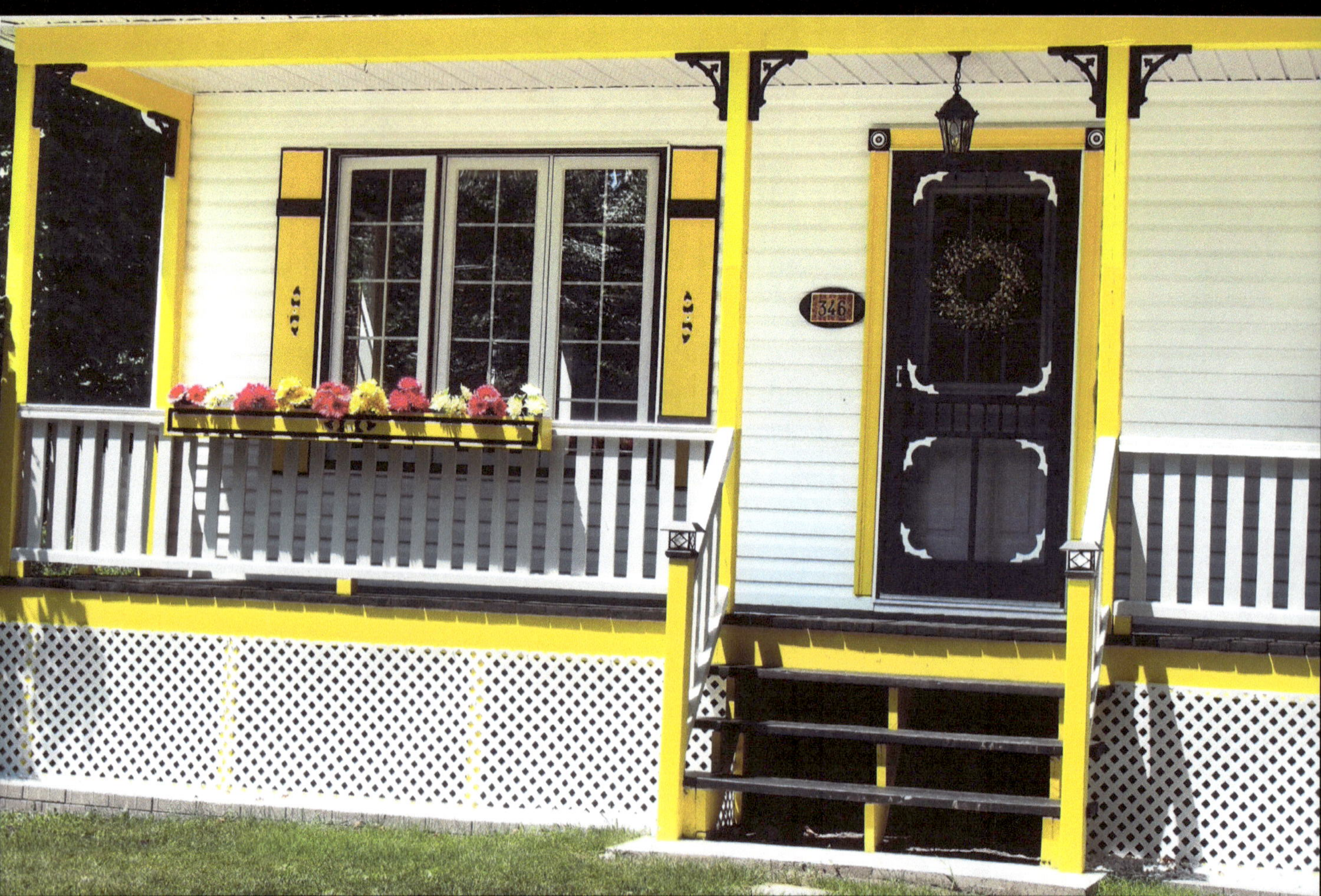
346

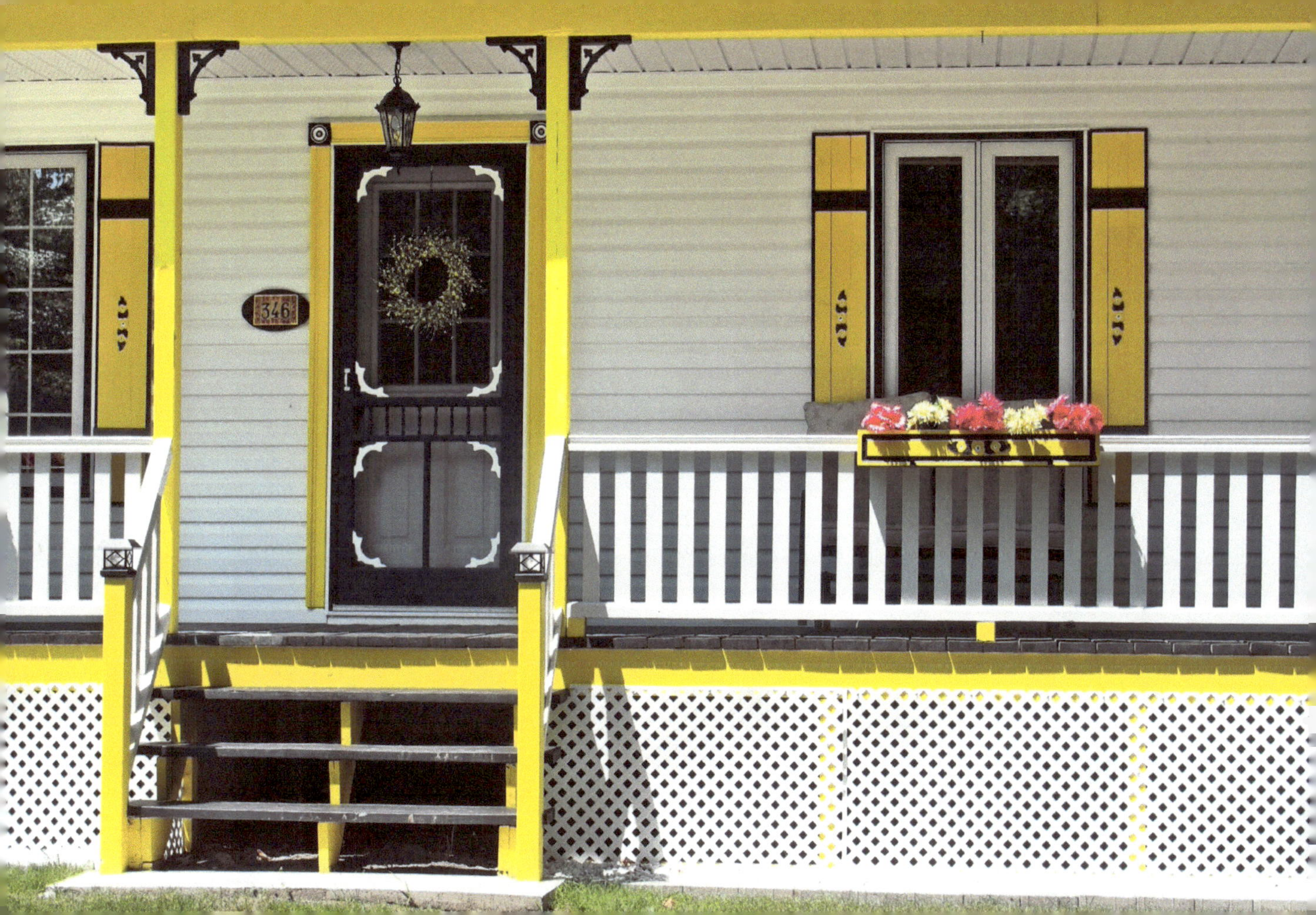
346

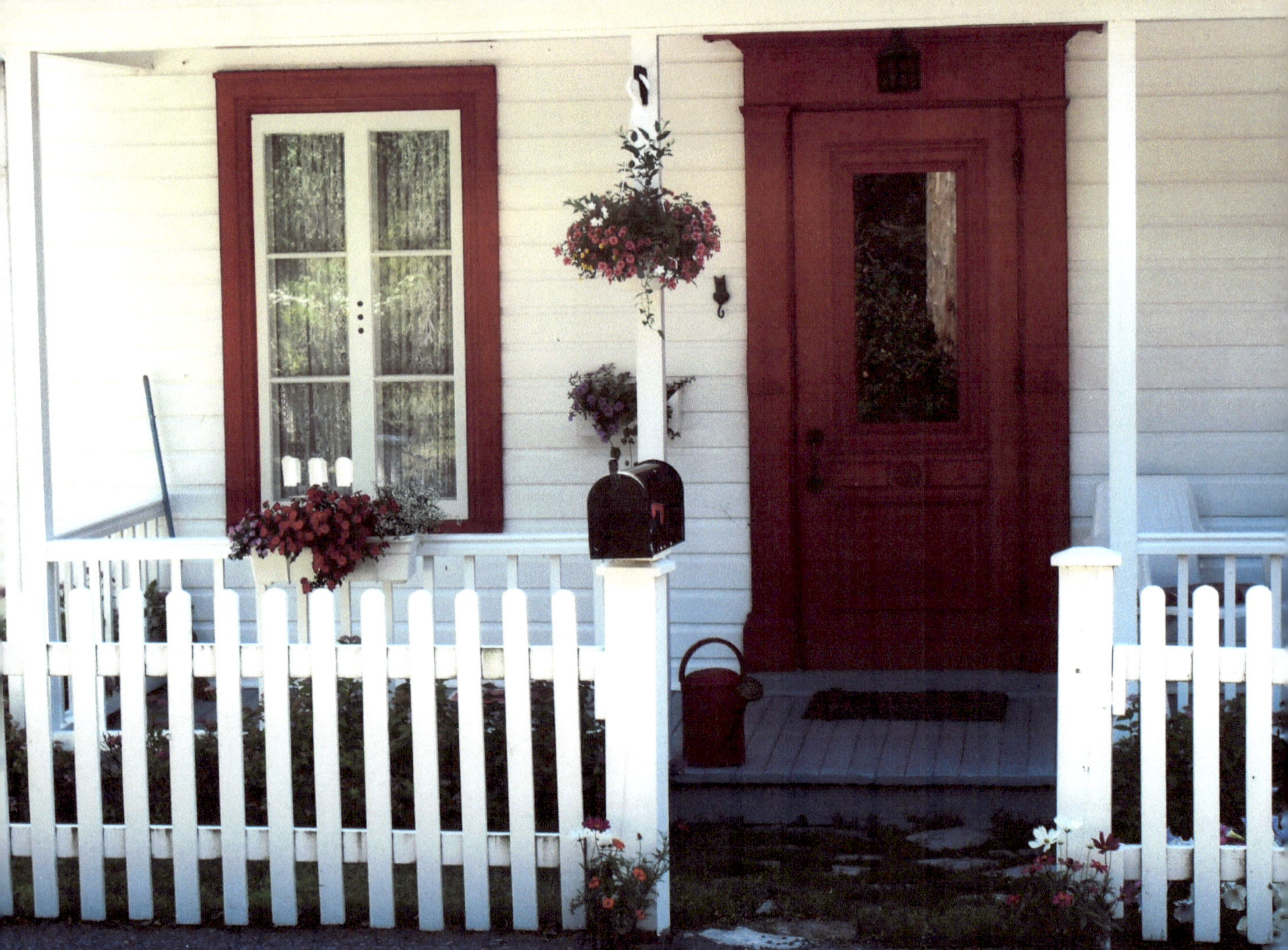

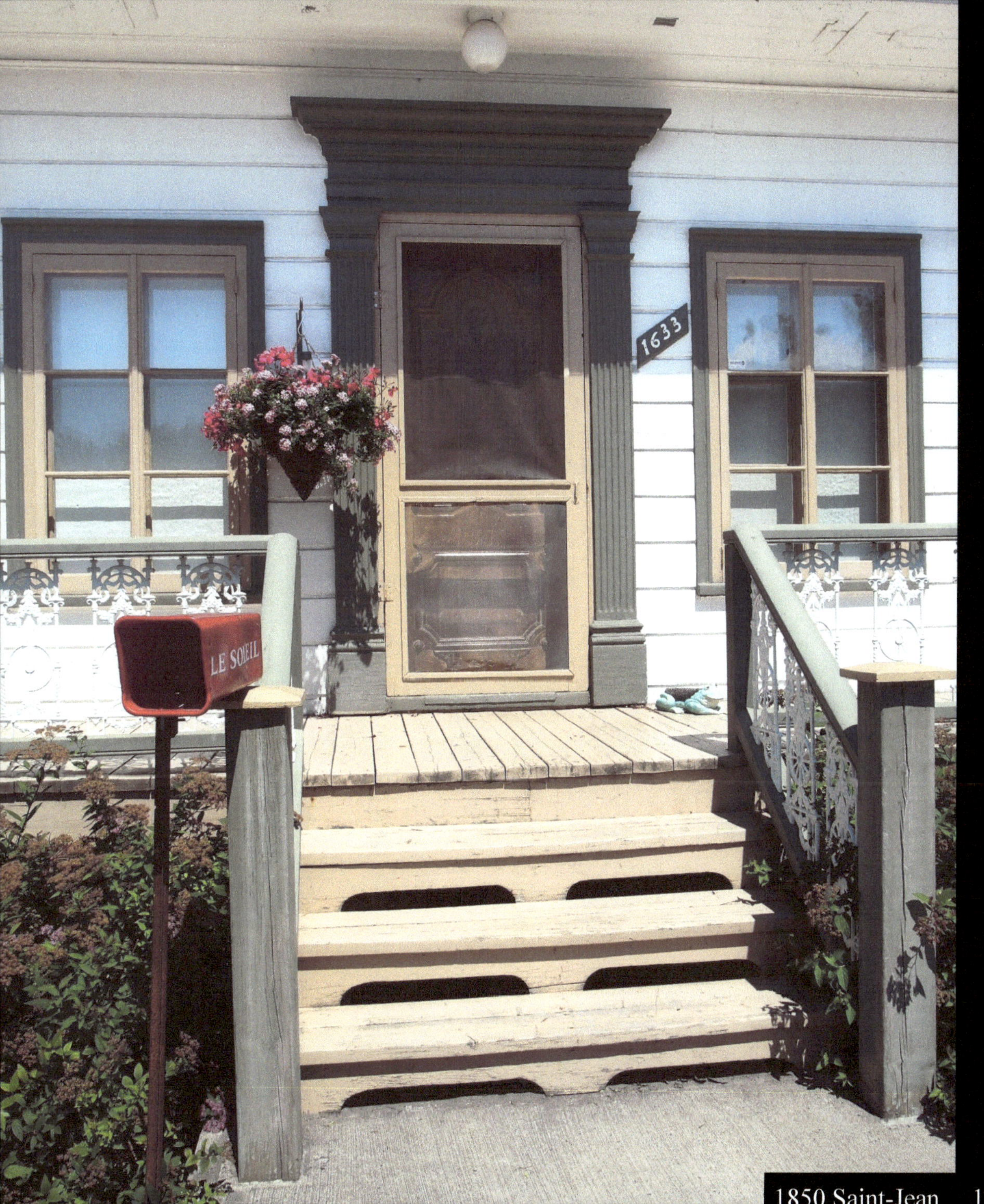

1850 Saint-Jean

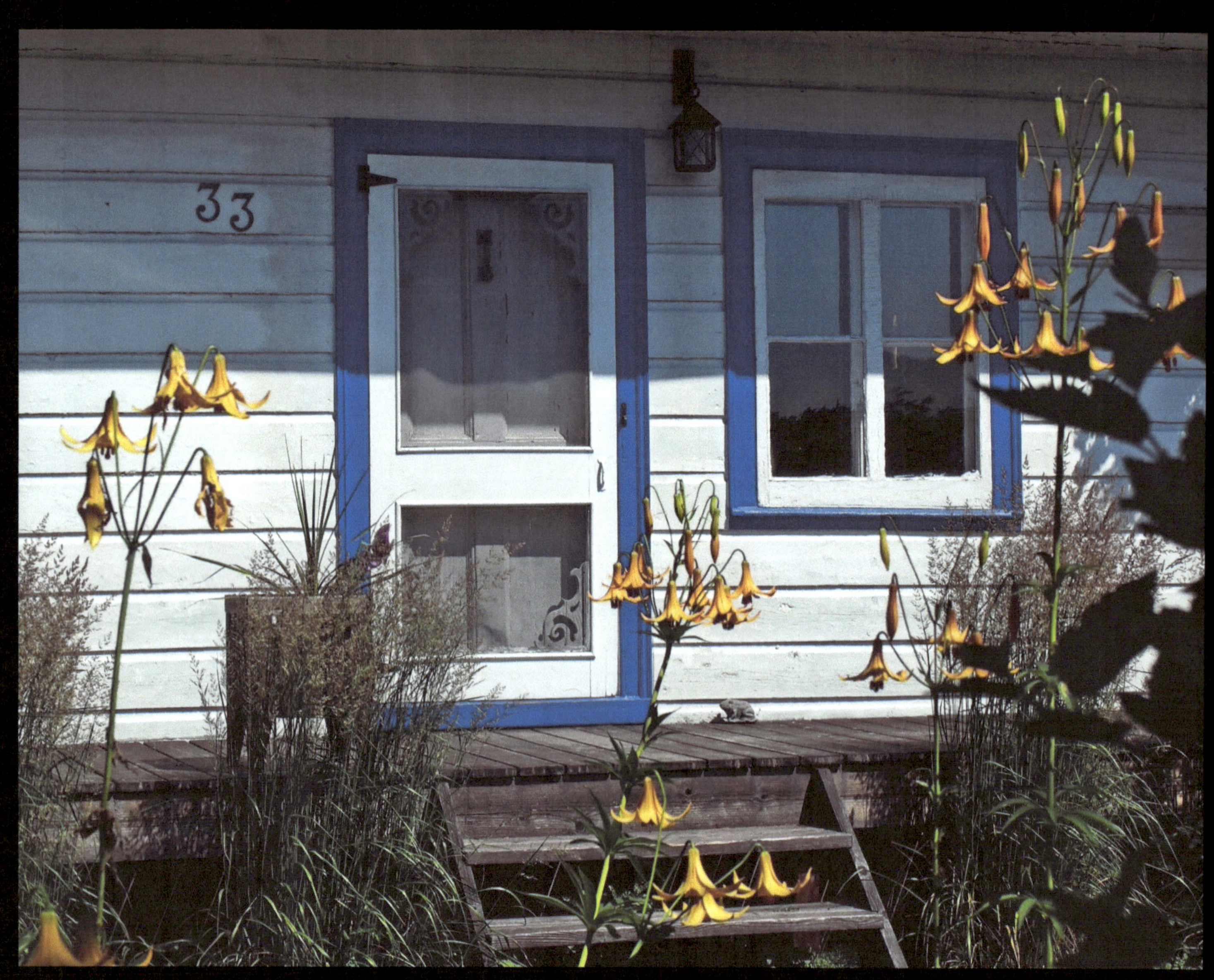
33

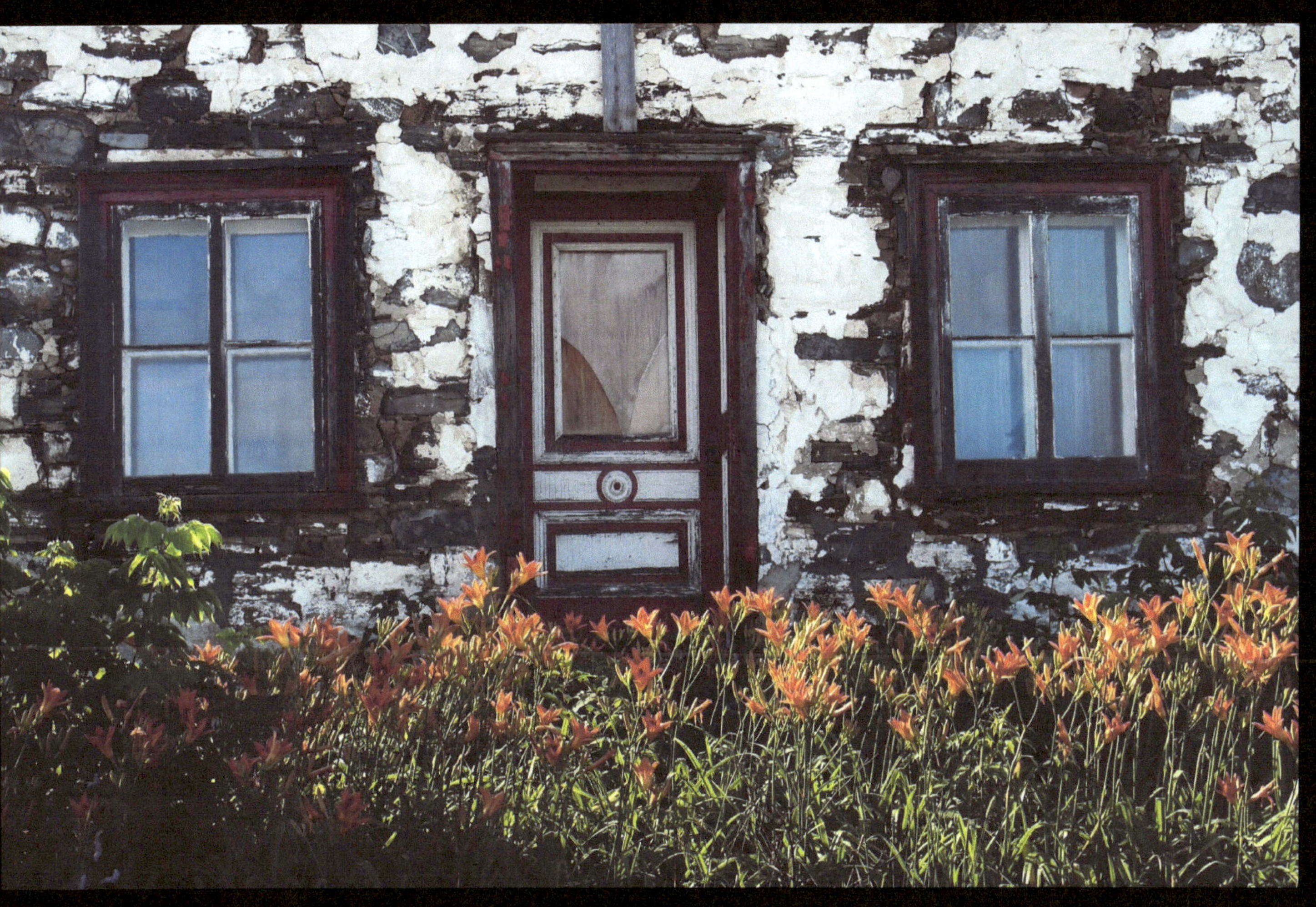

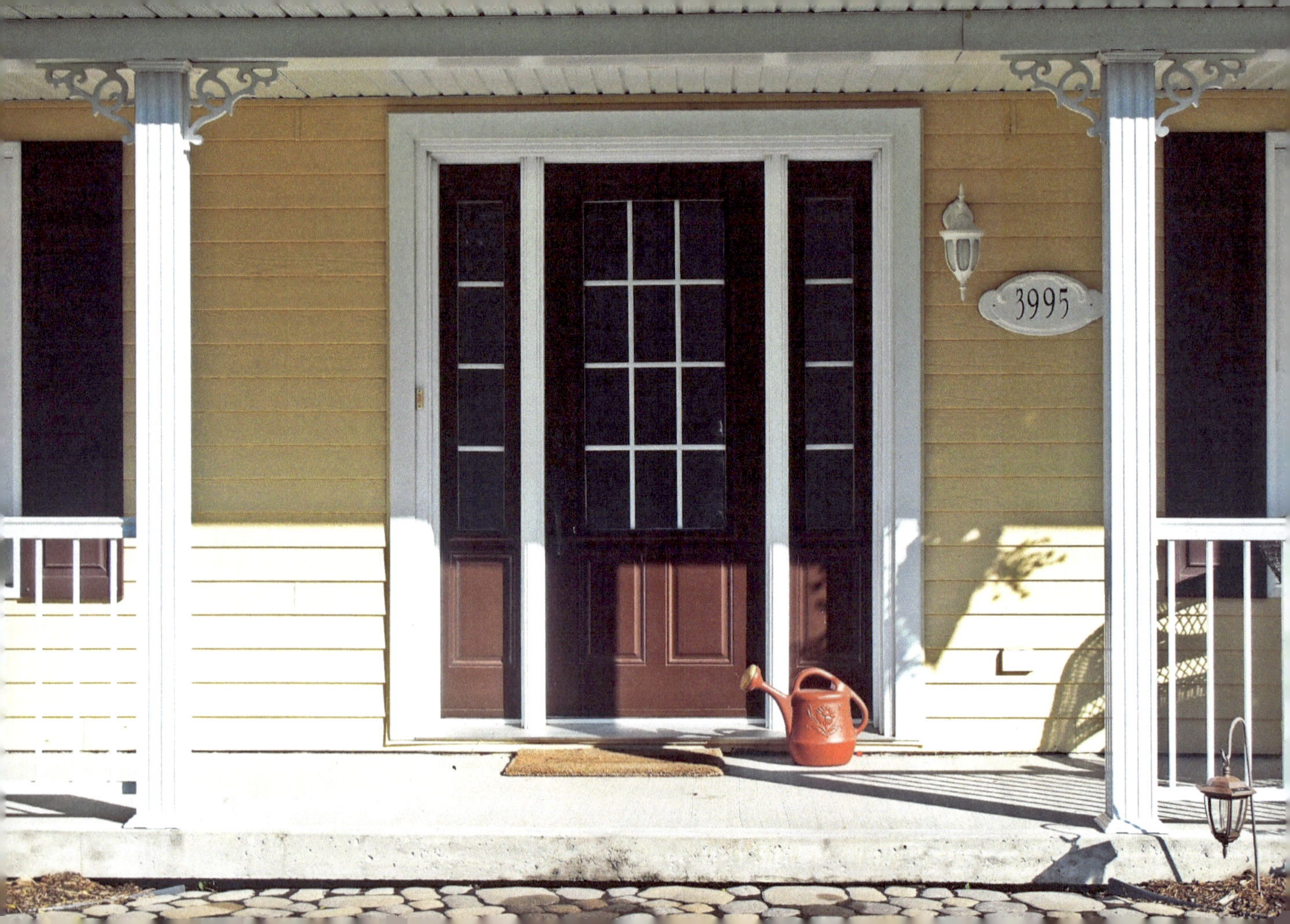
3995

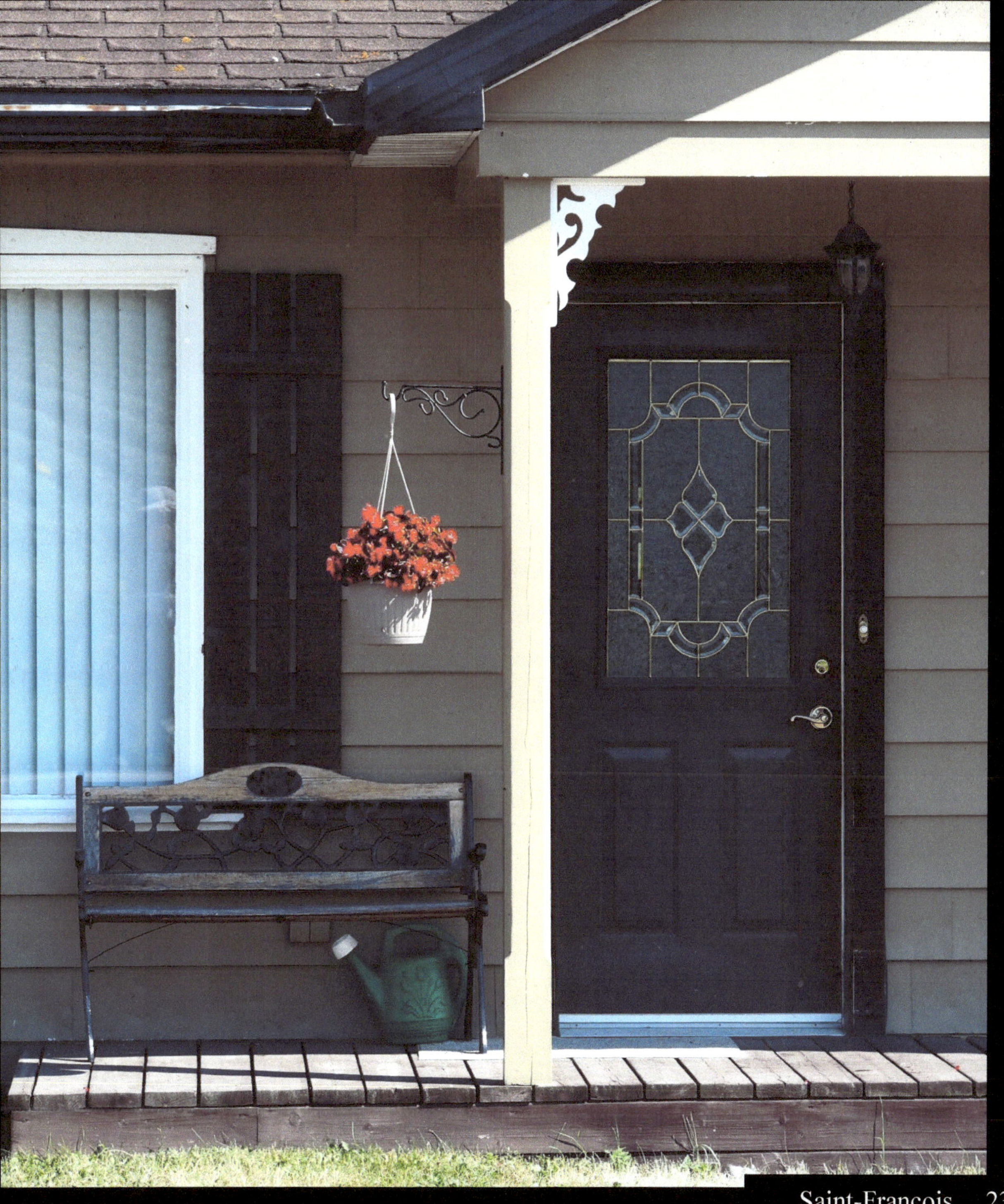

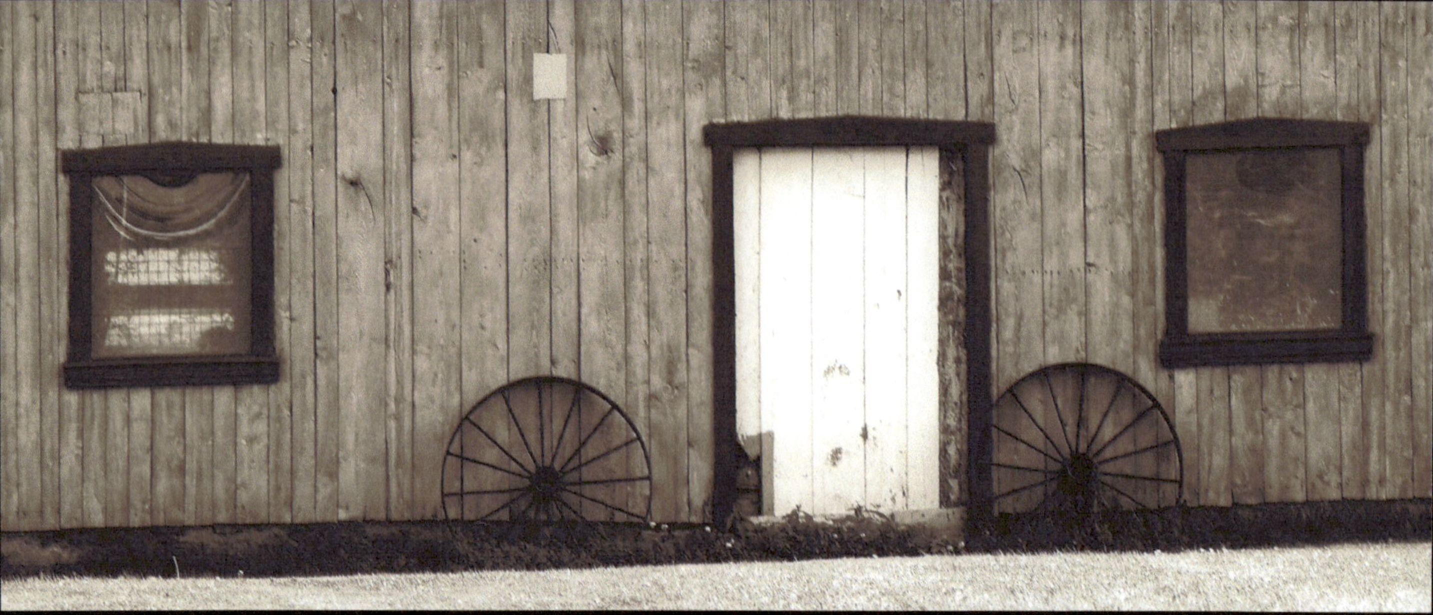

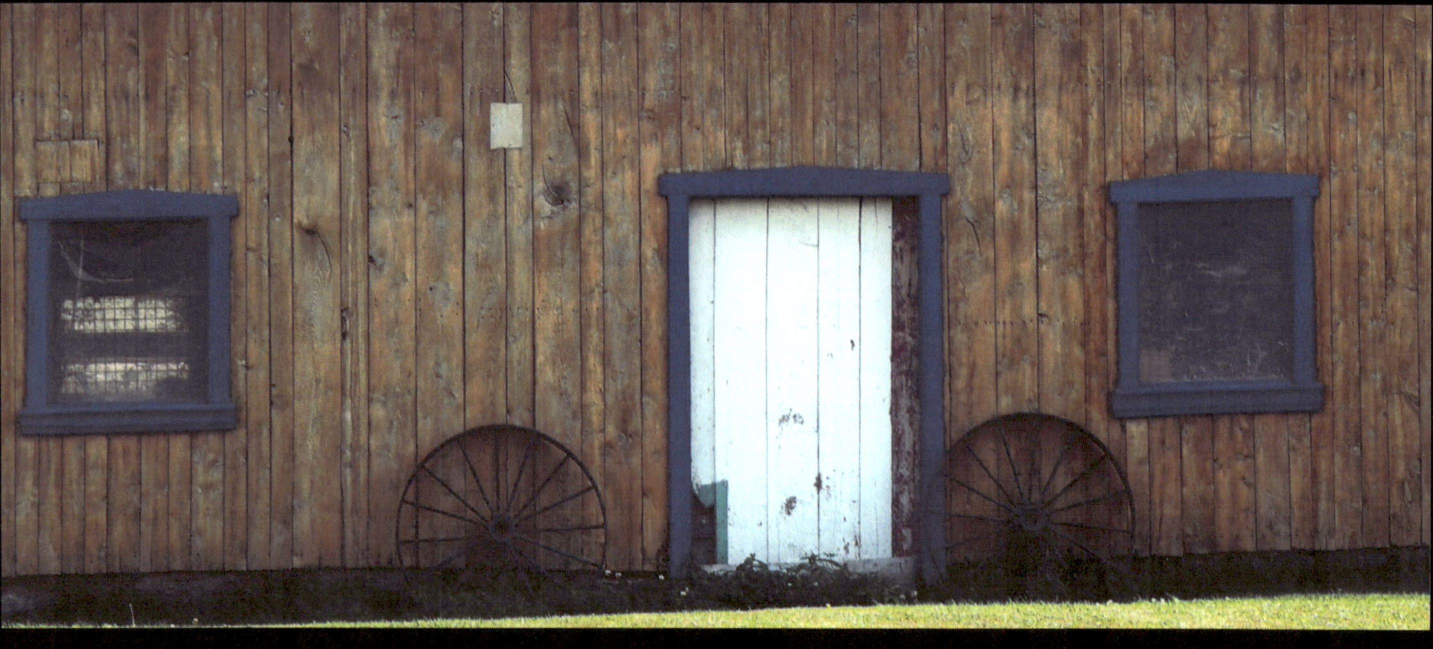

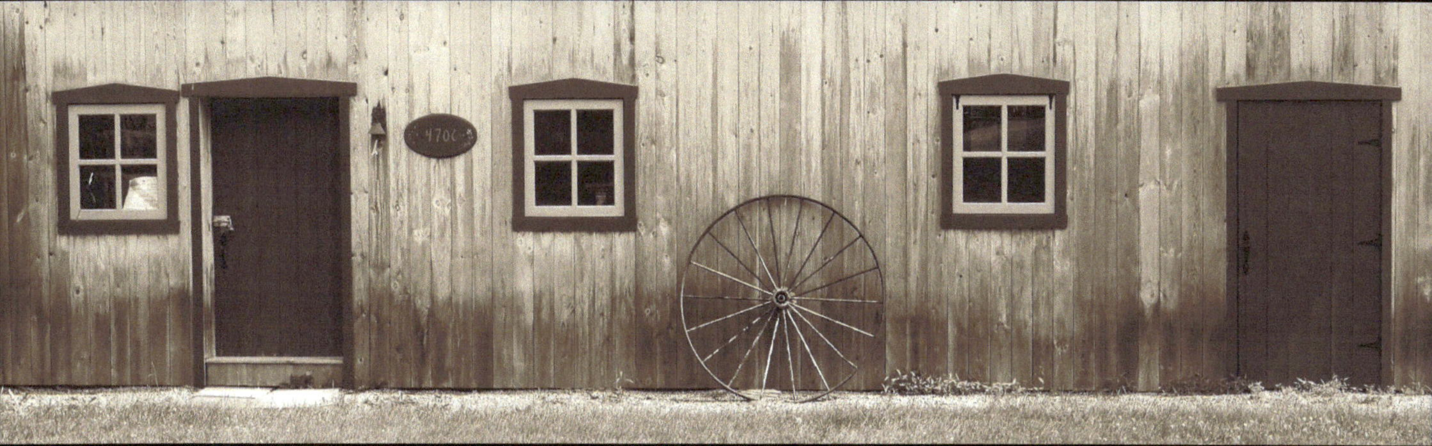

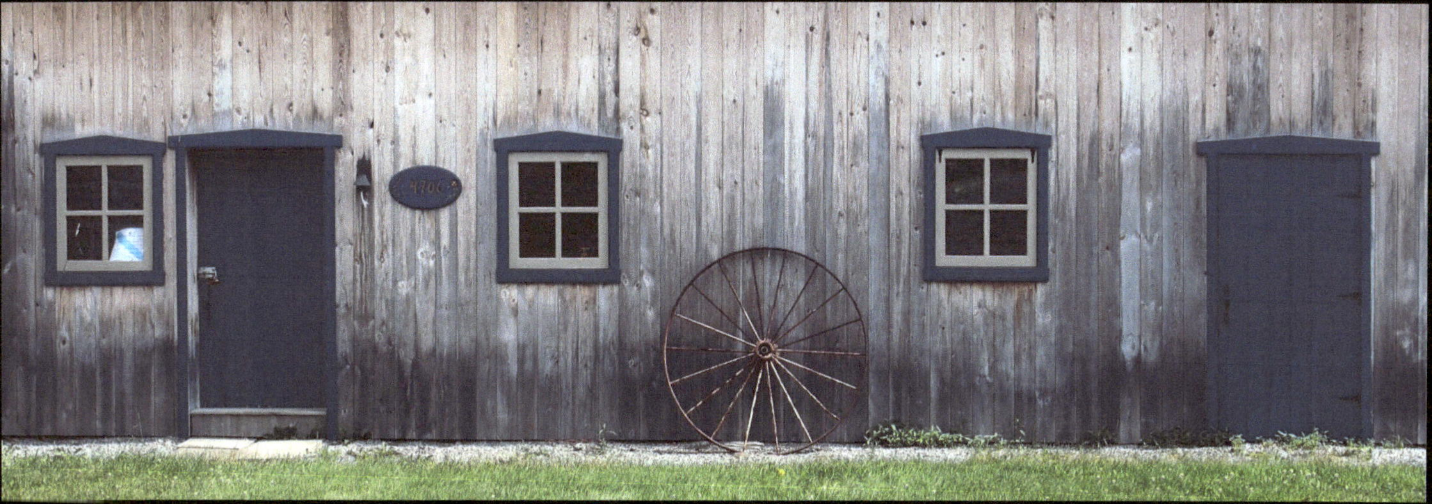

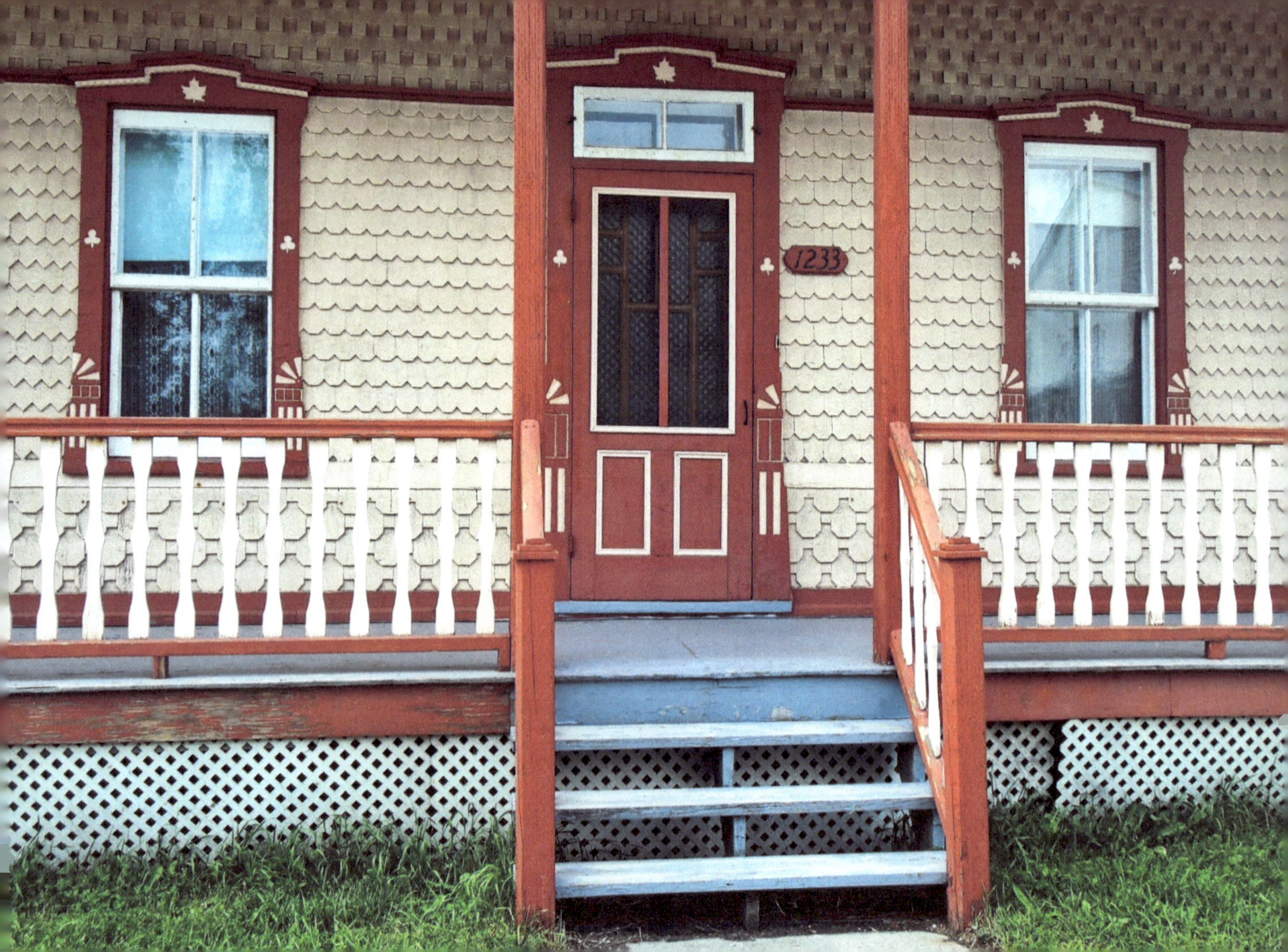
1233

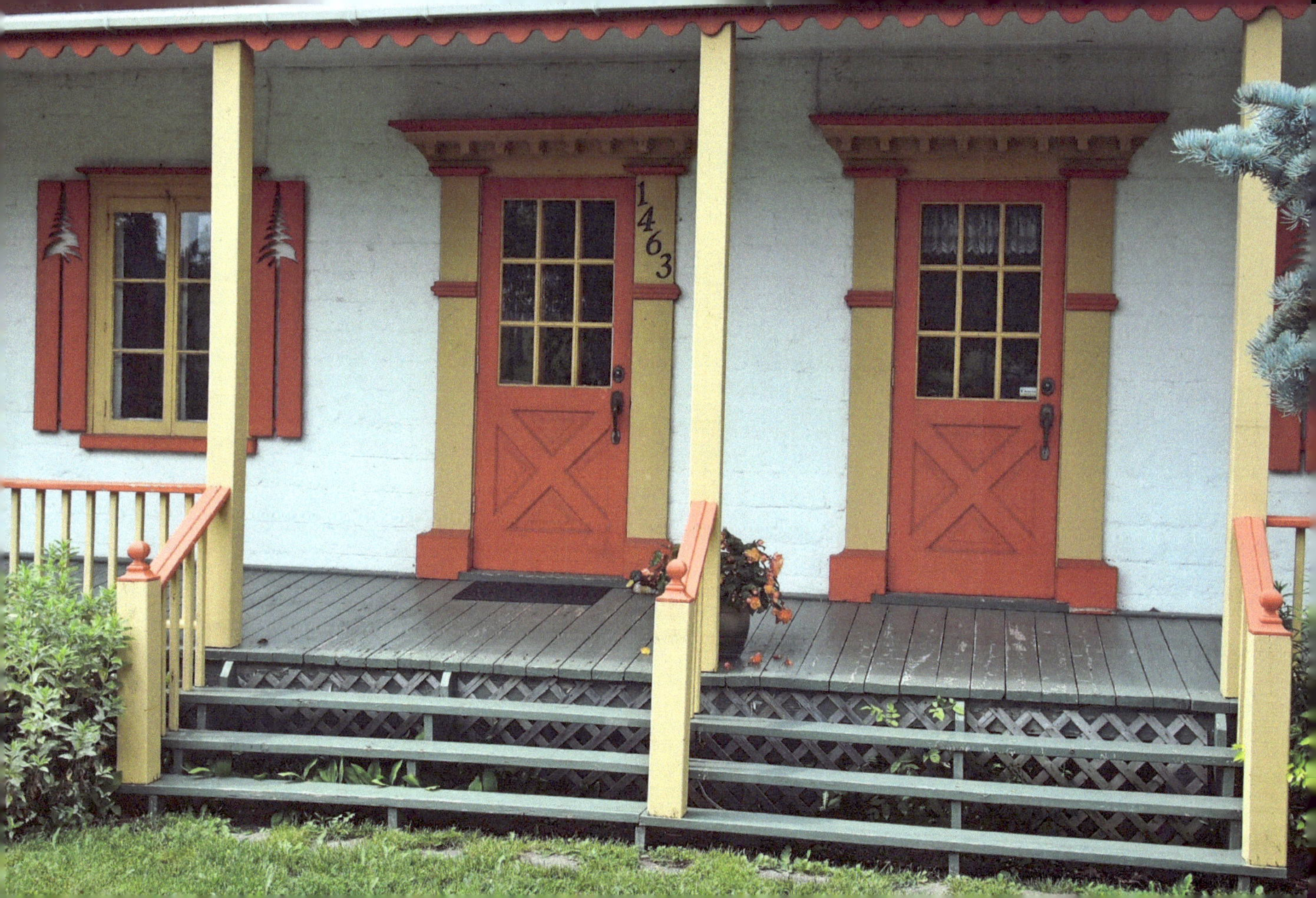
1463

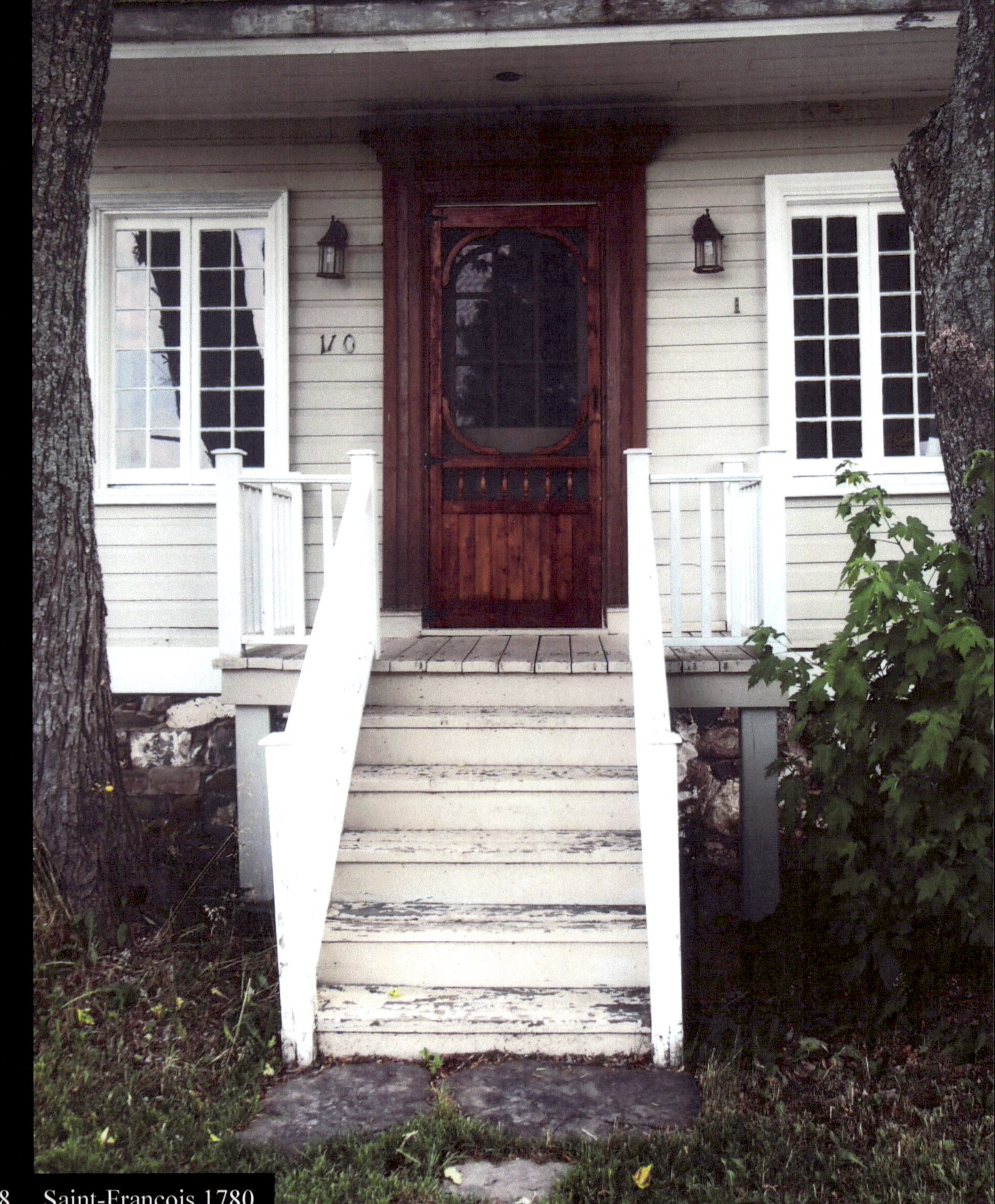

Saint-Francois 1780

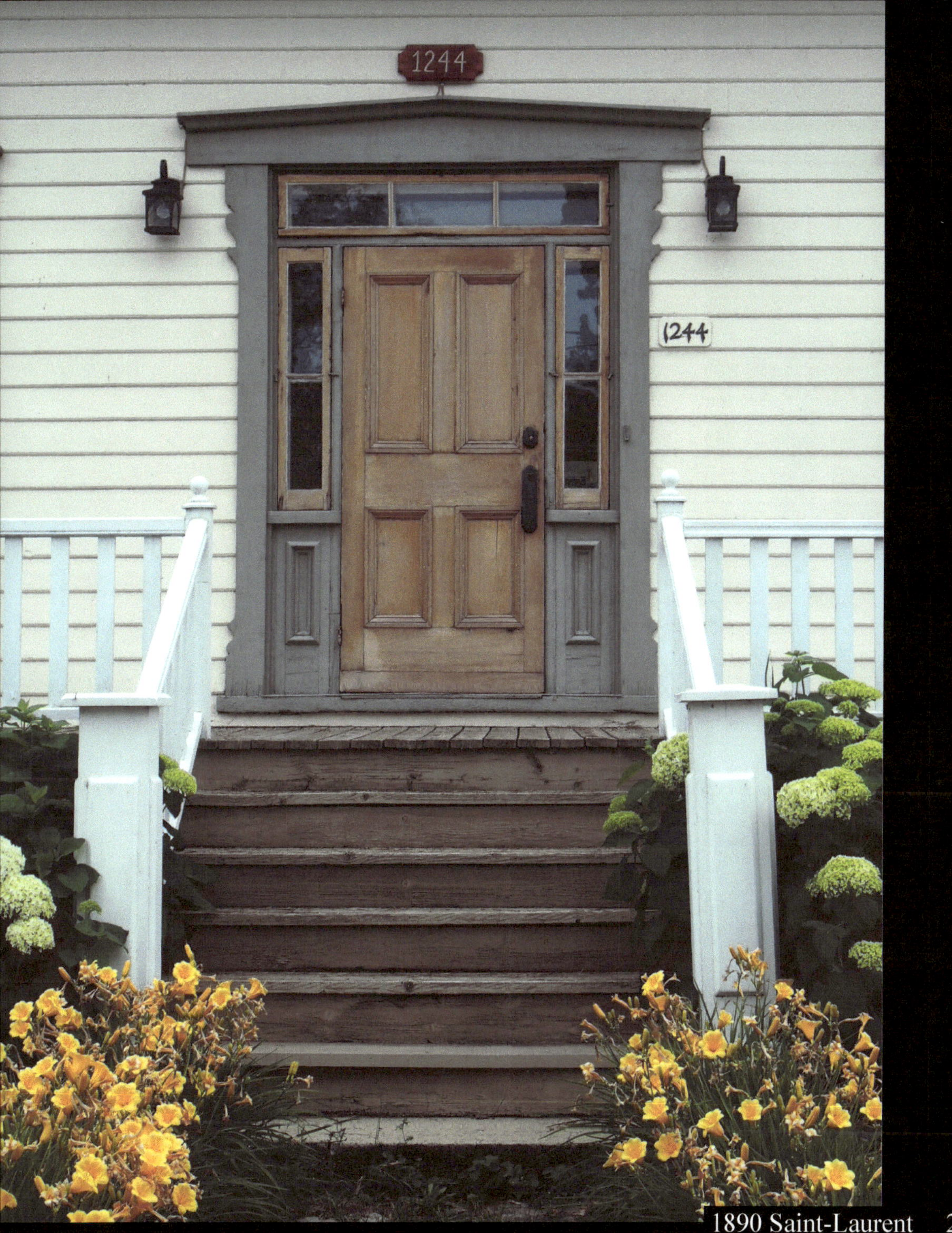

1890 Saint-Laurent

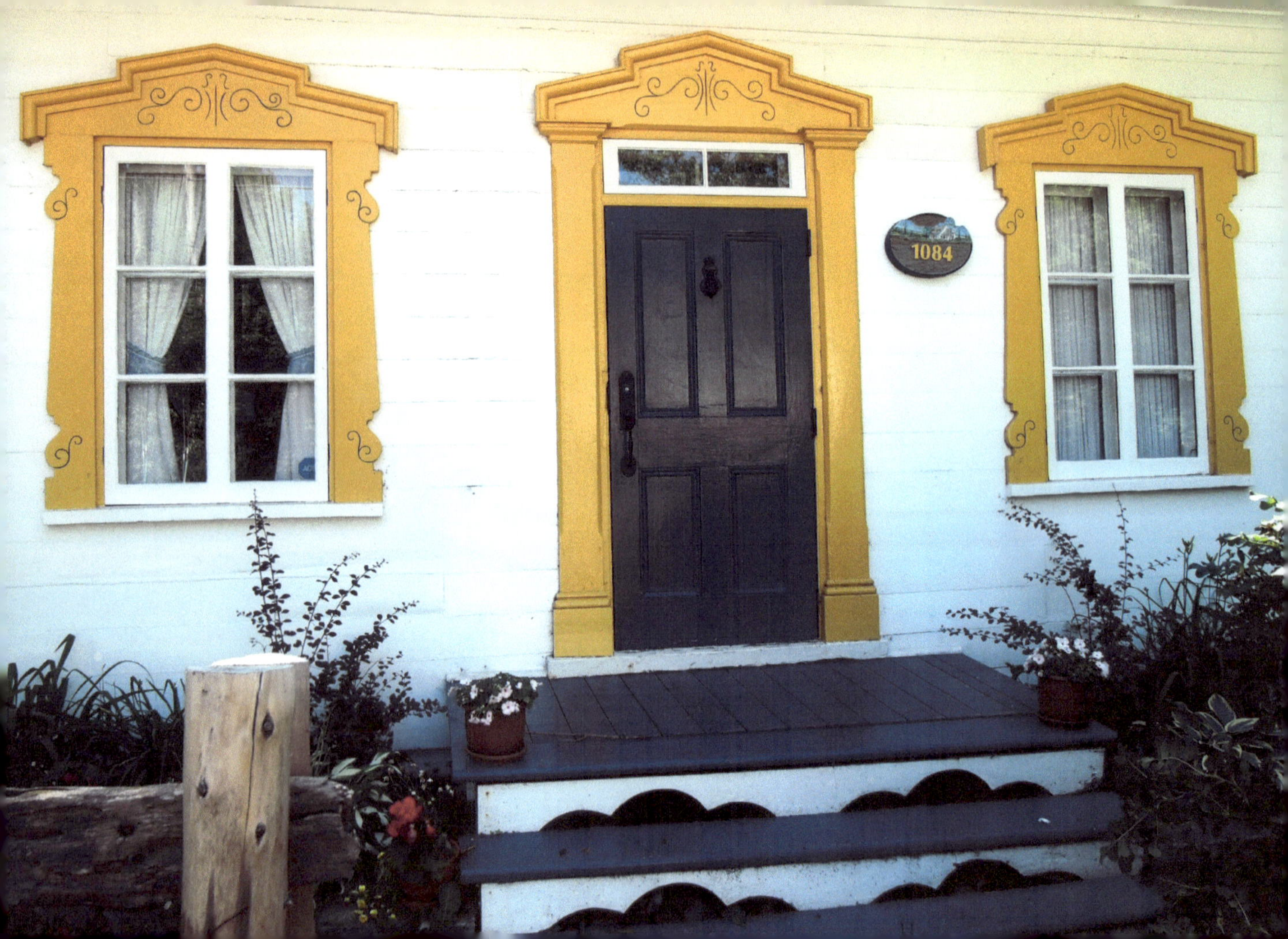
1084

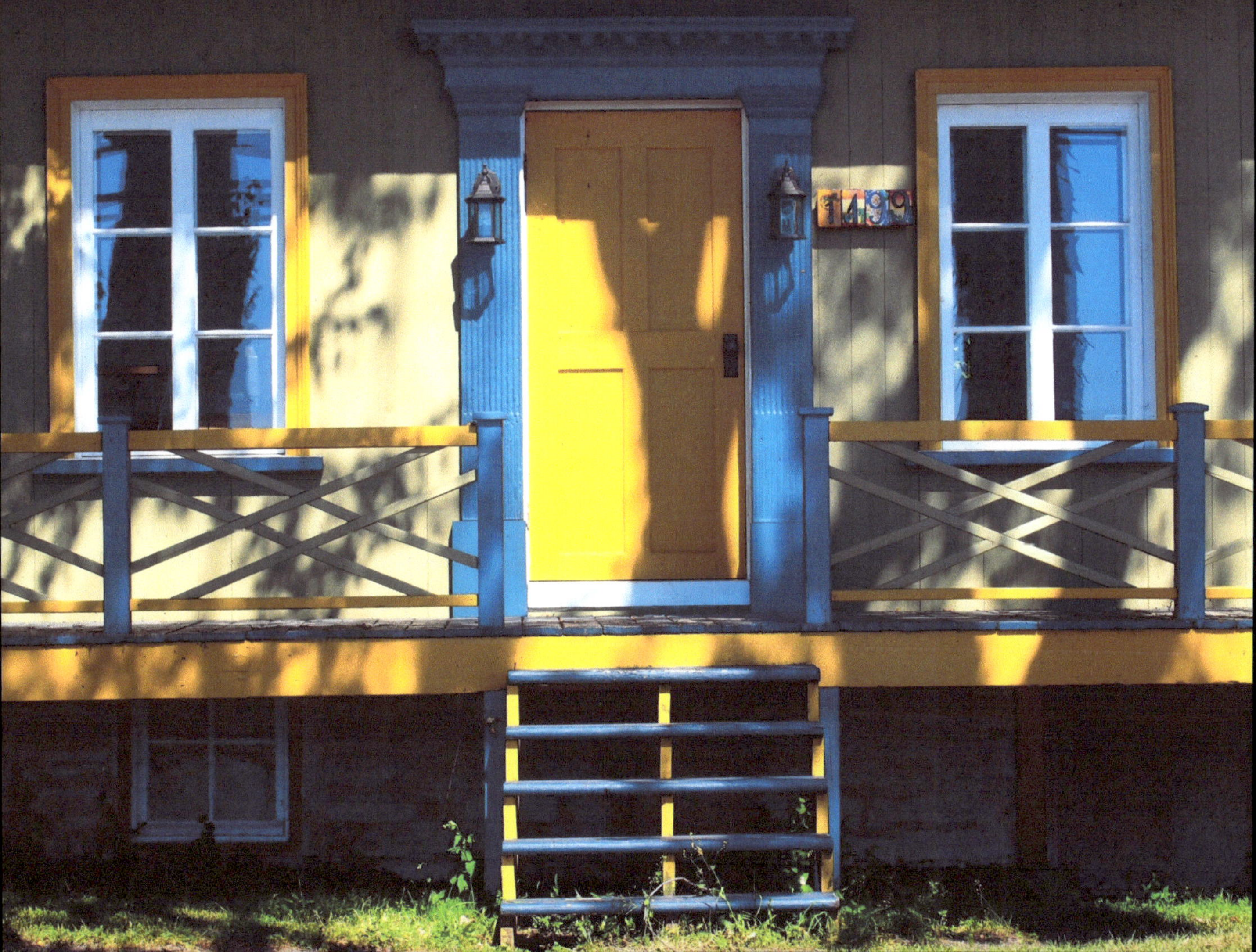
1499

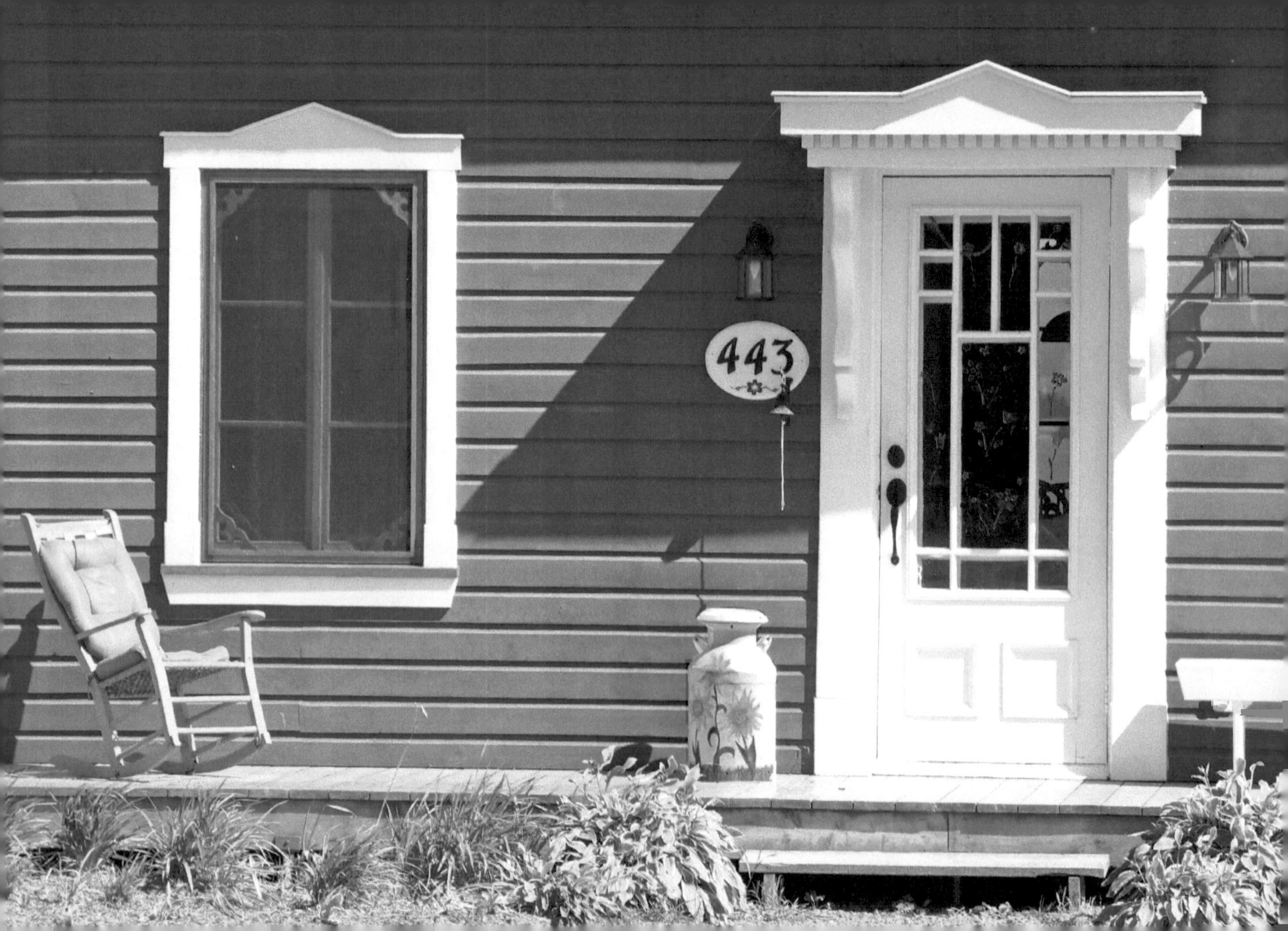
443

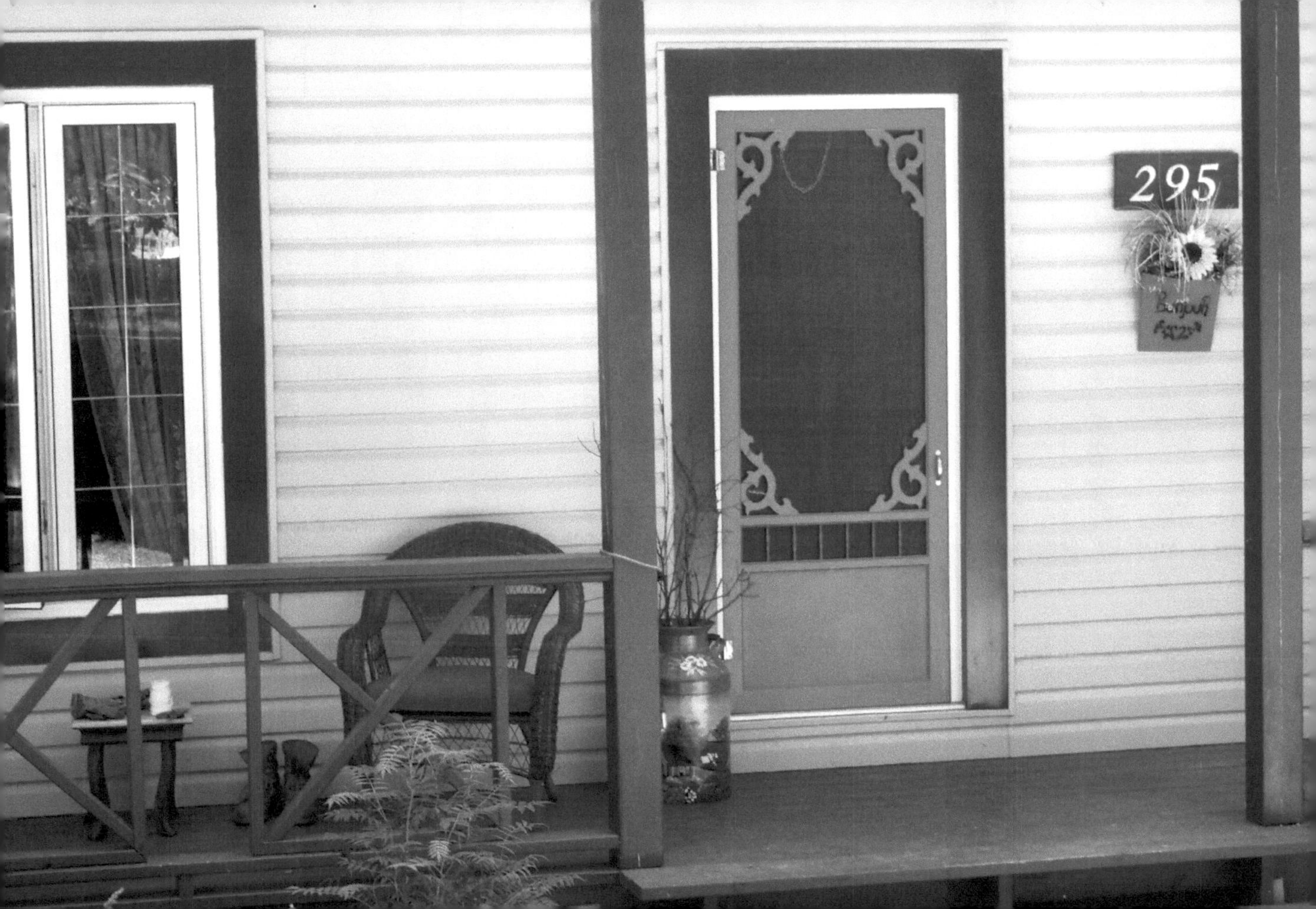
295

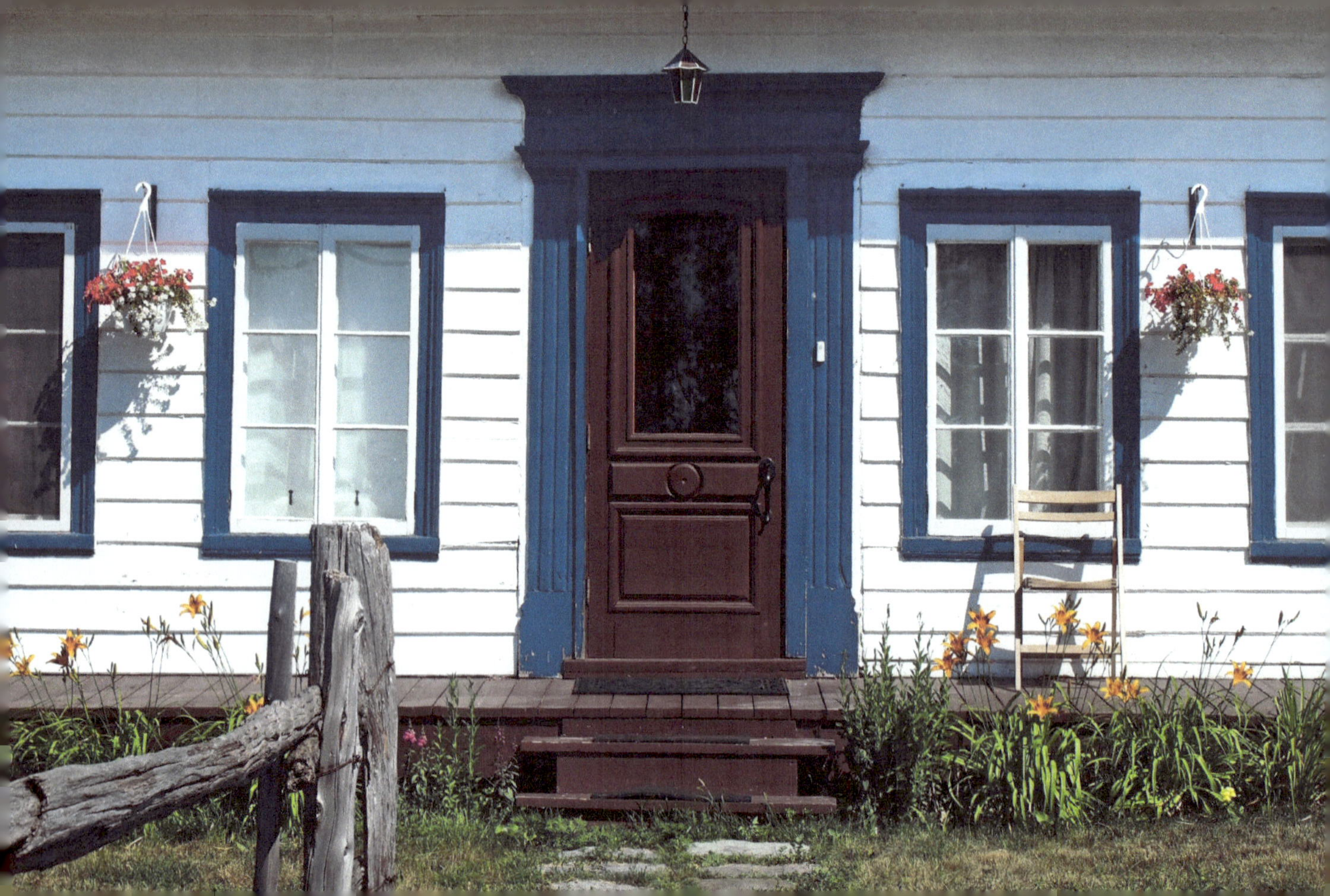

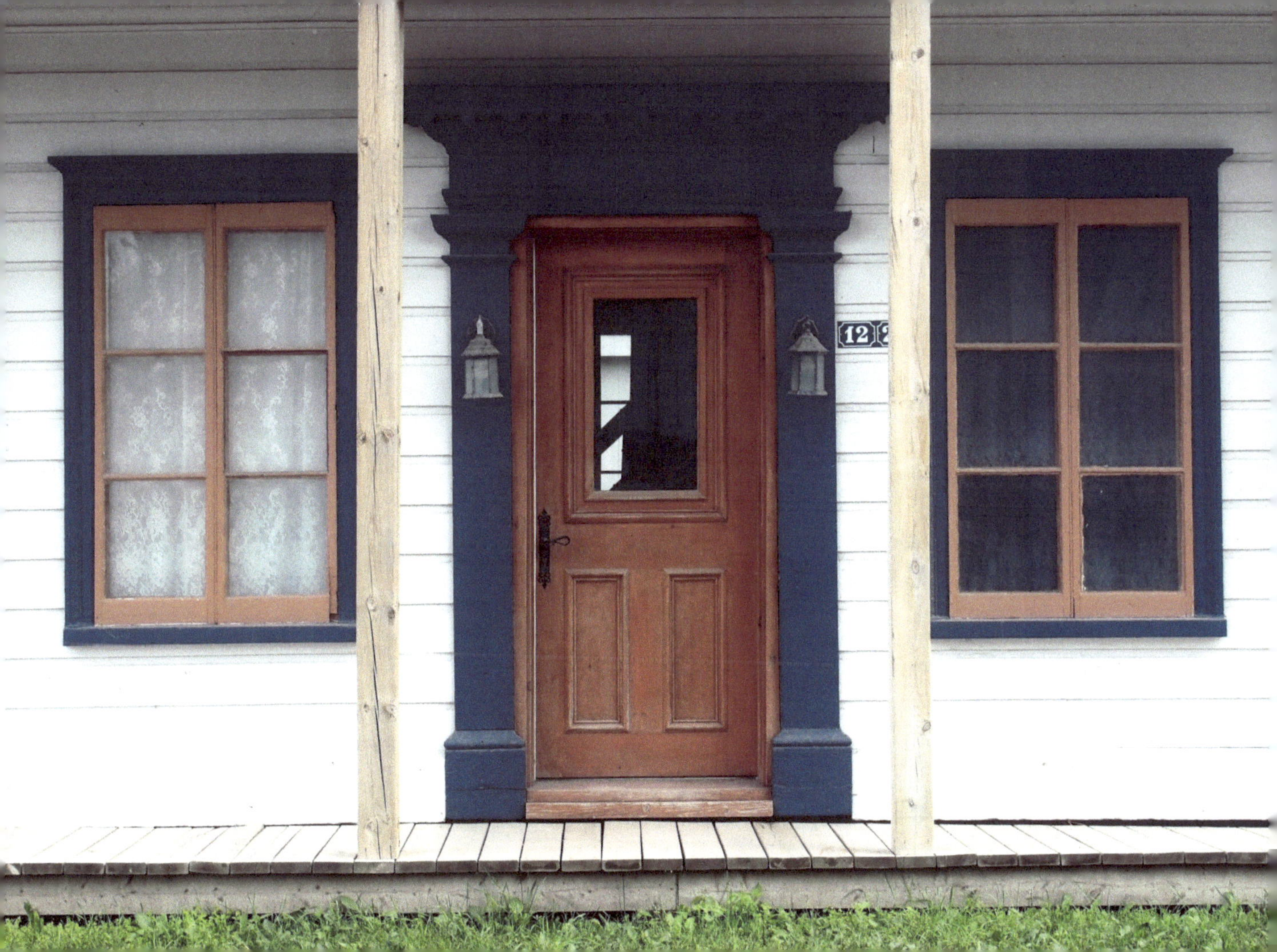
12

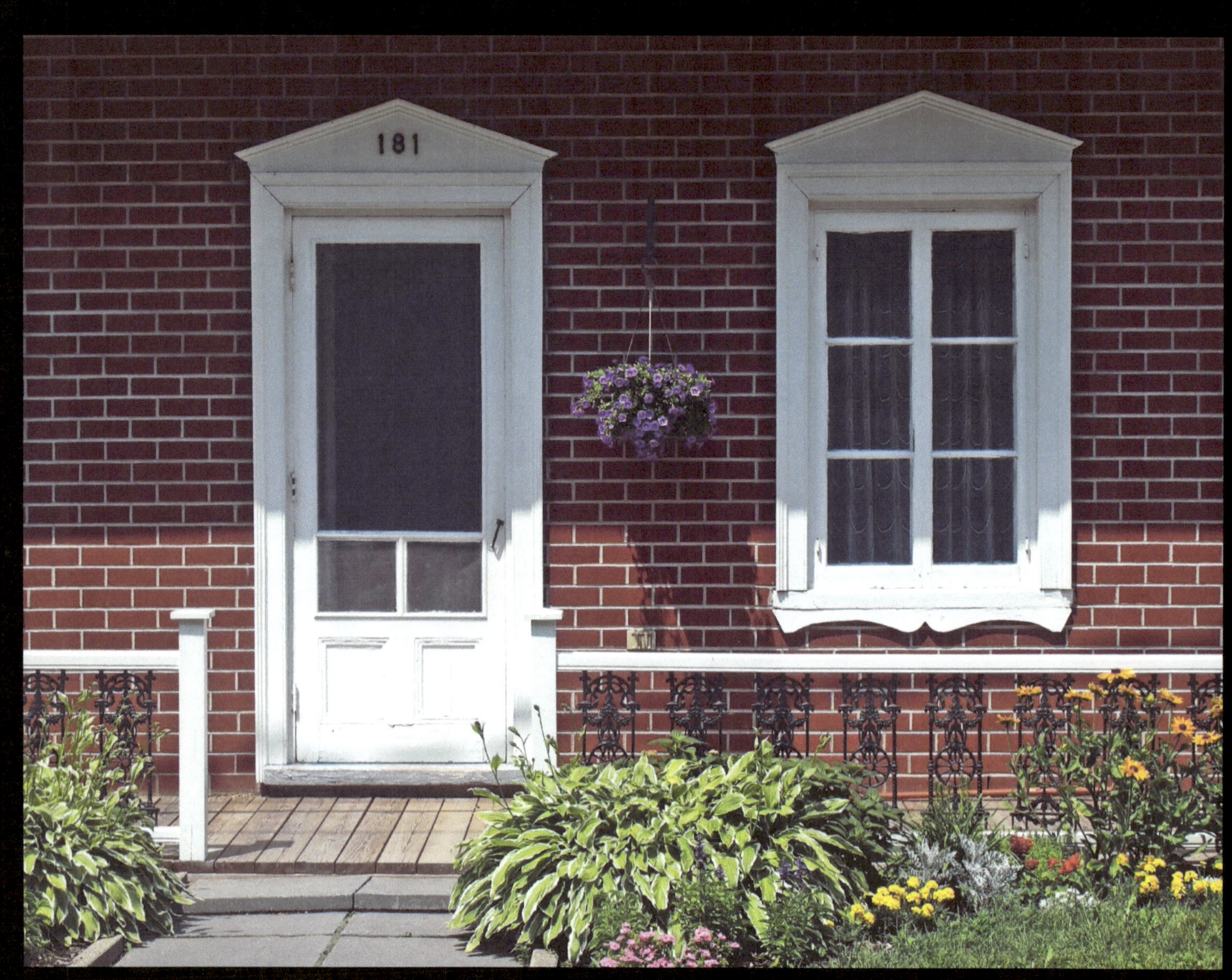

 Saint-François 1895

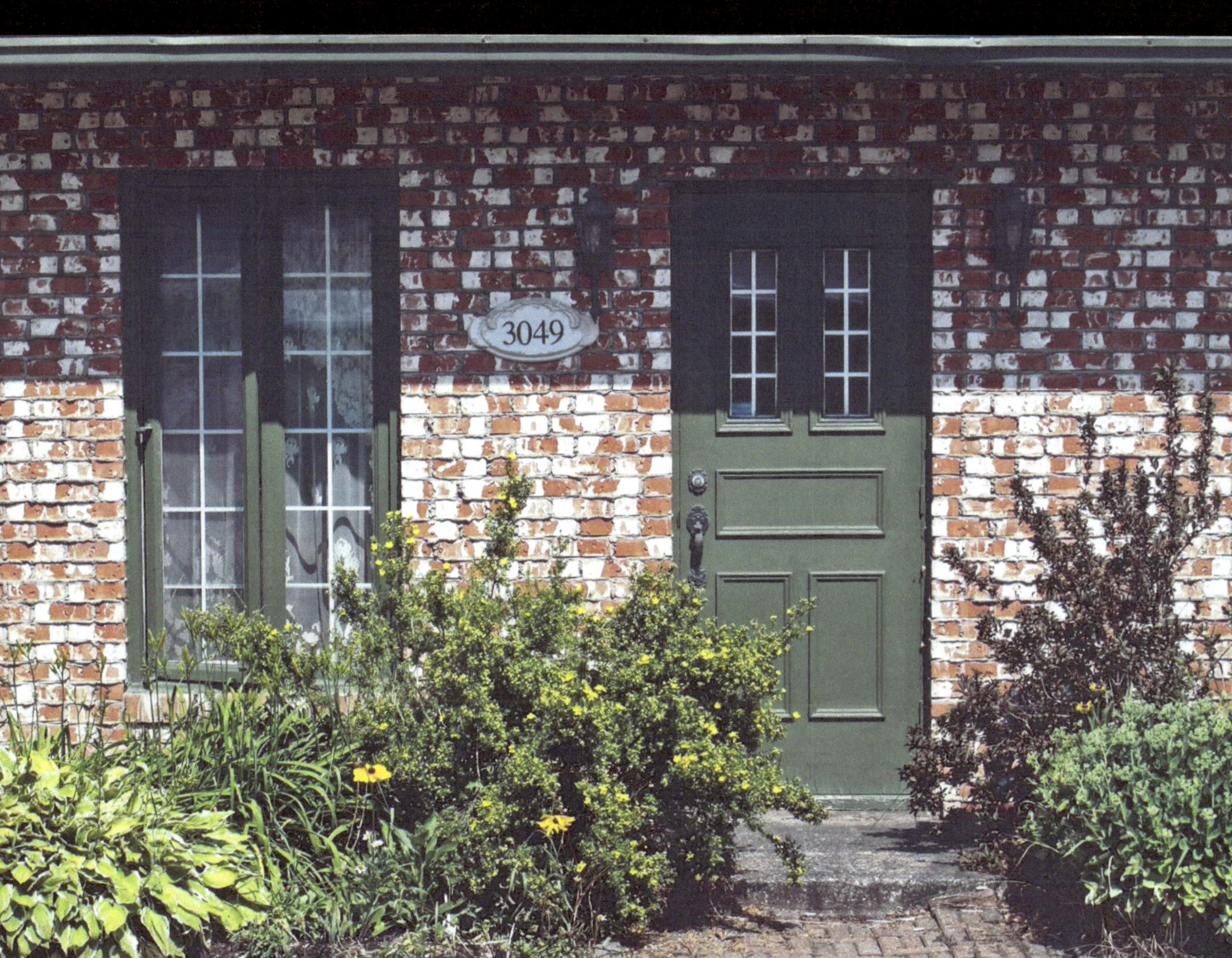
3049

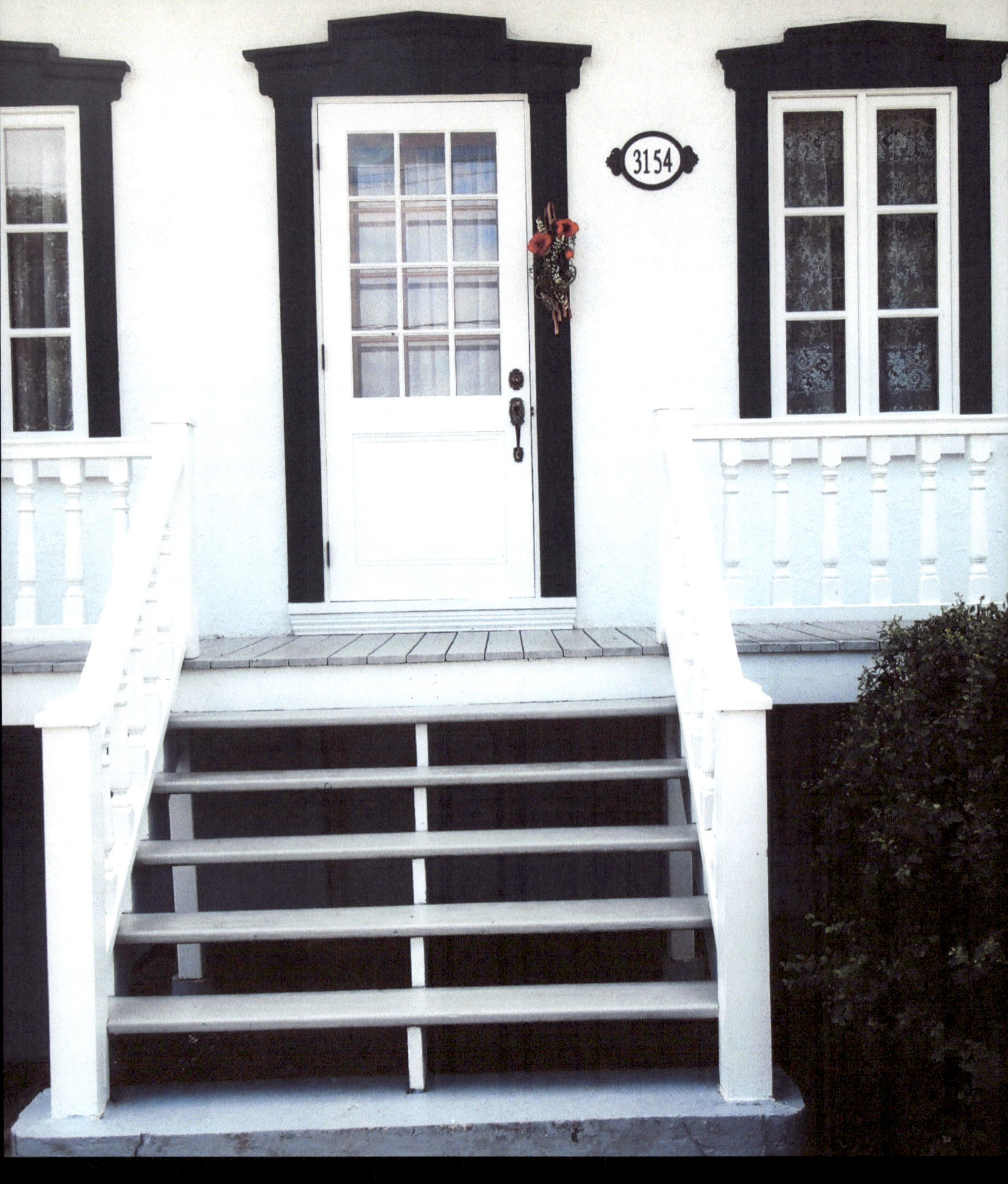

Sainte-Famille 1700

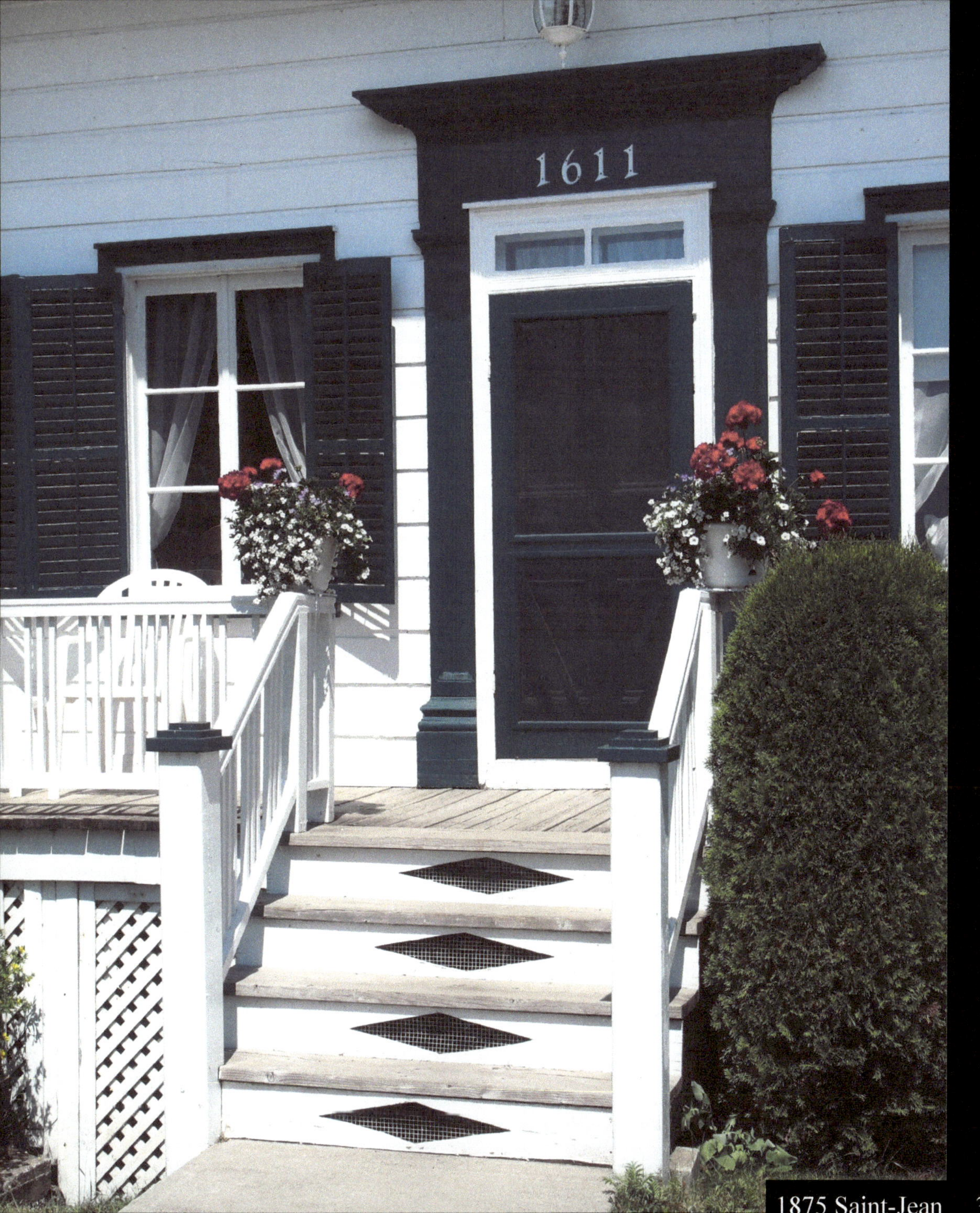

1875 Saint-Jean

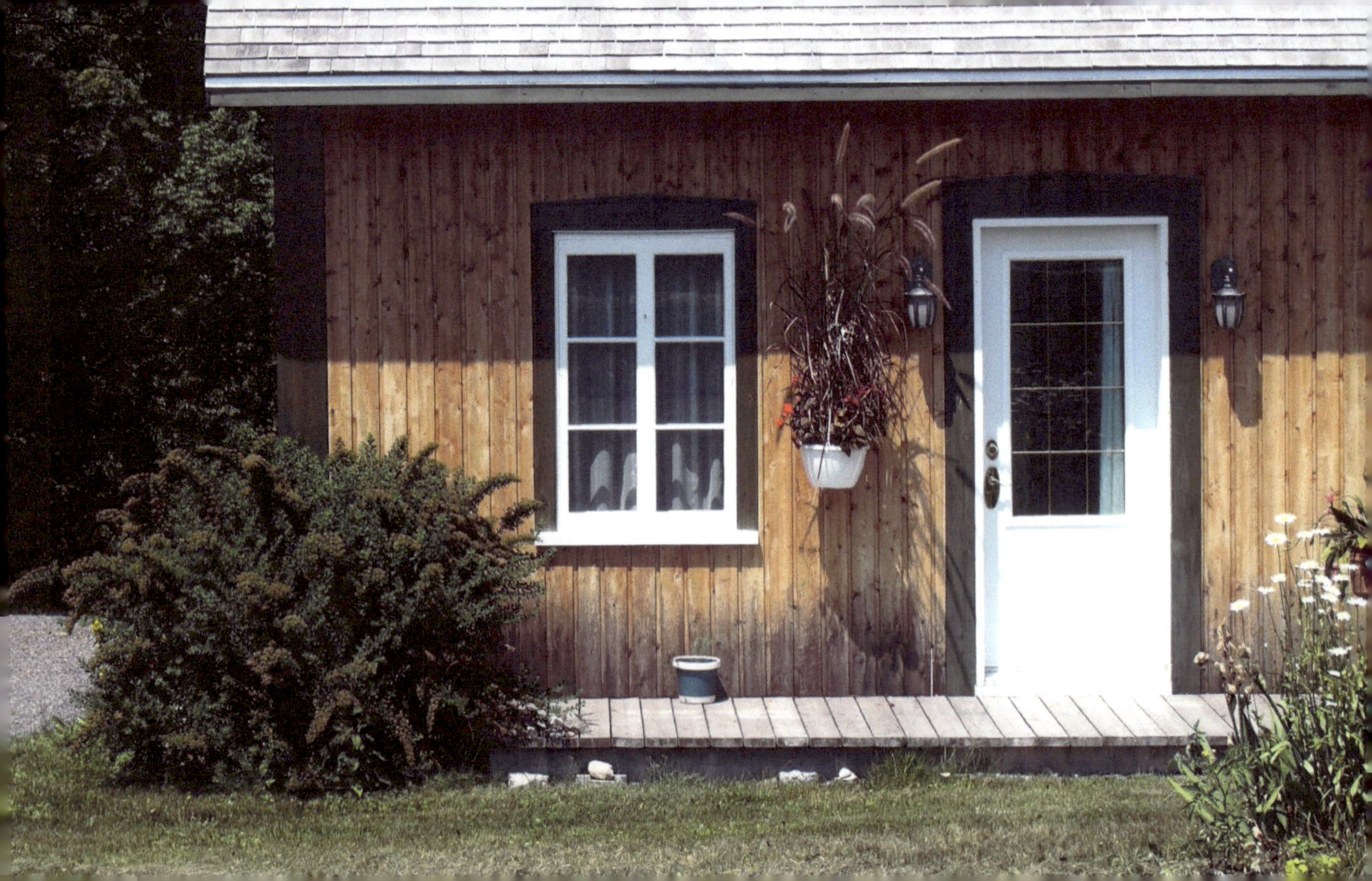

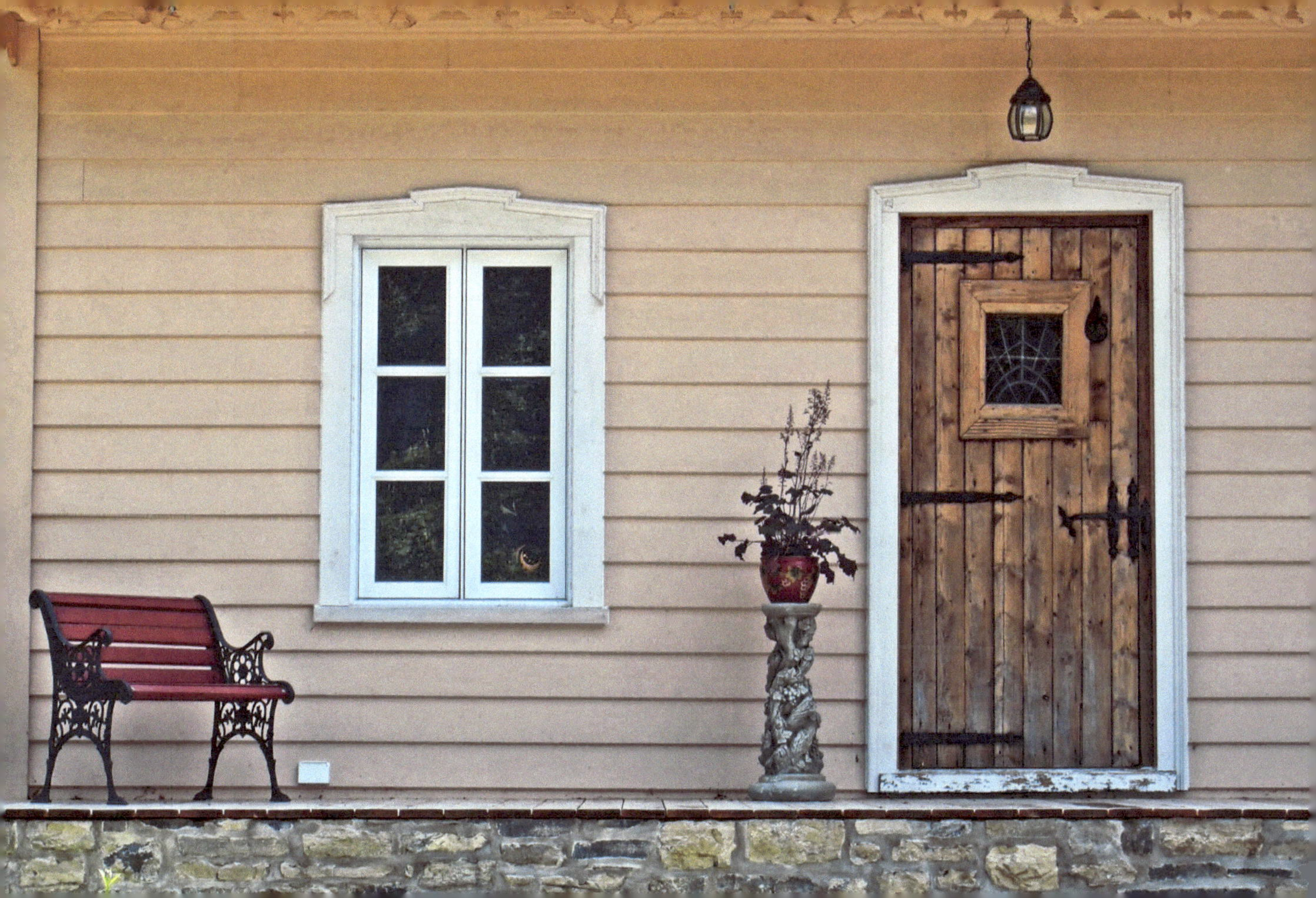

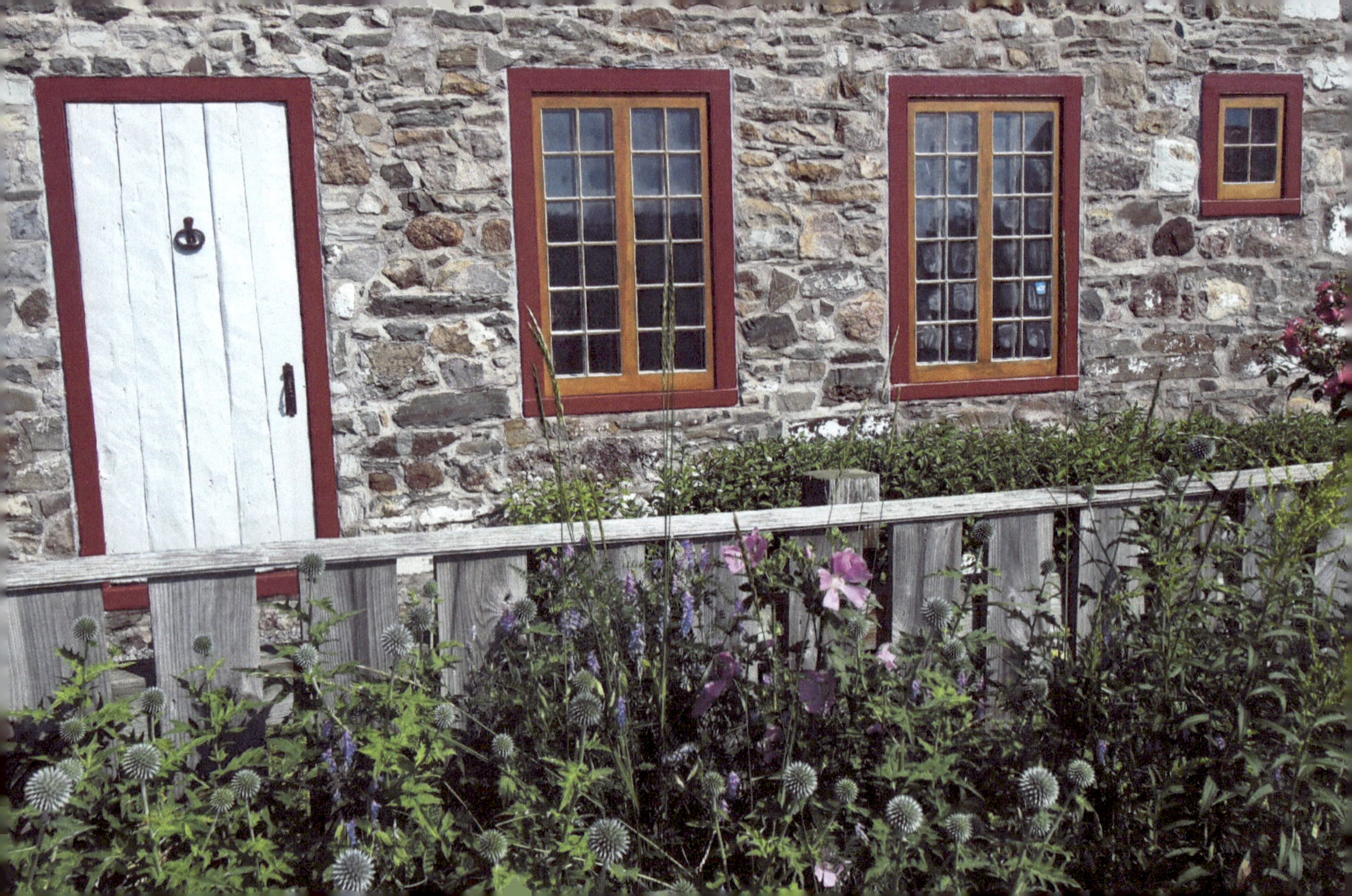

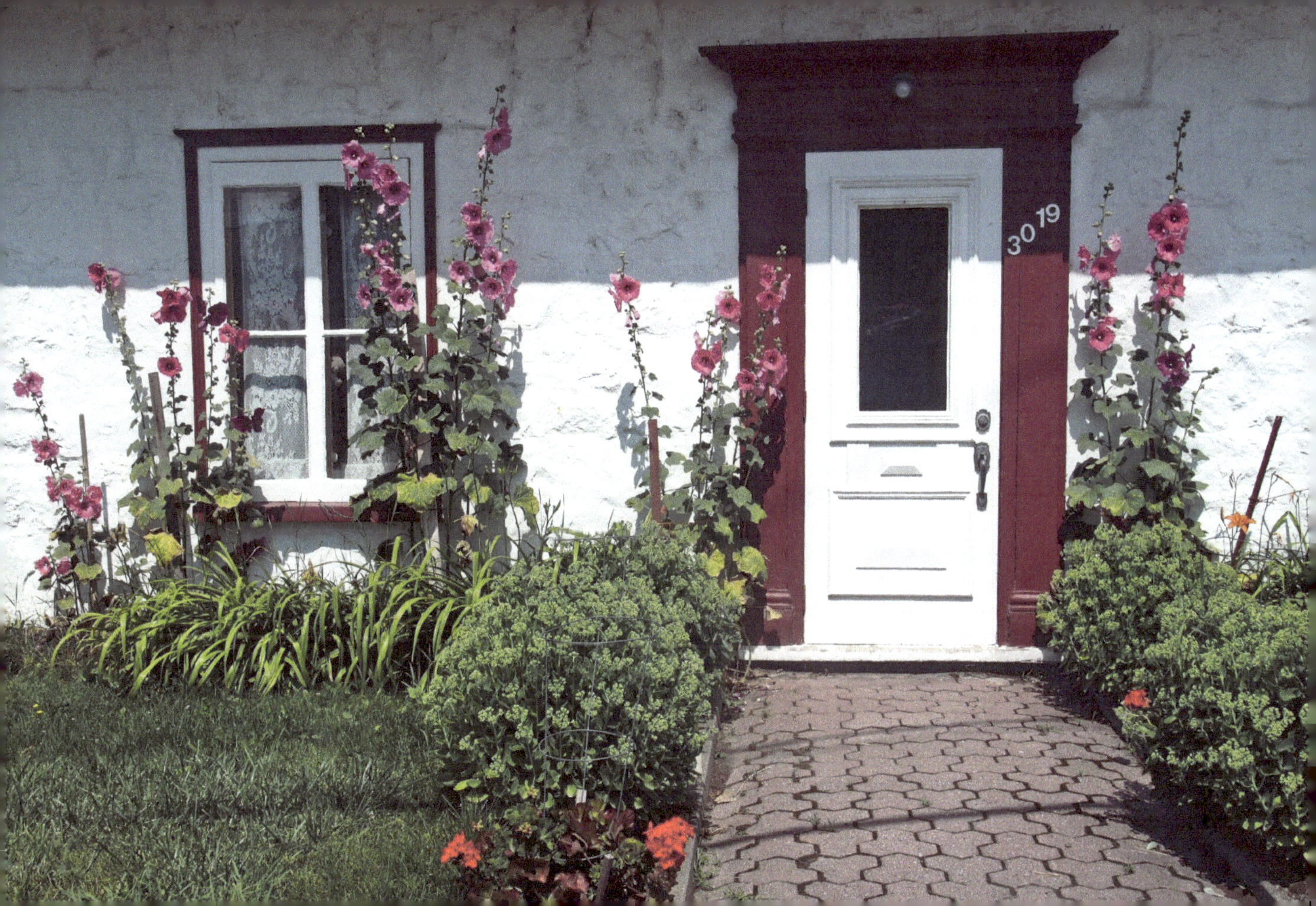
3019

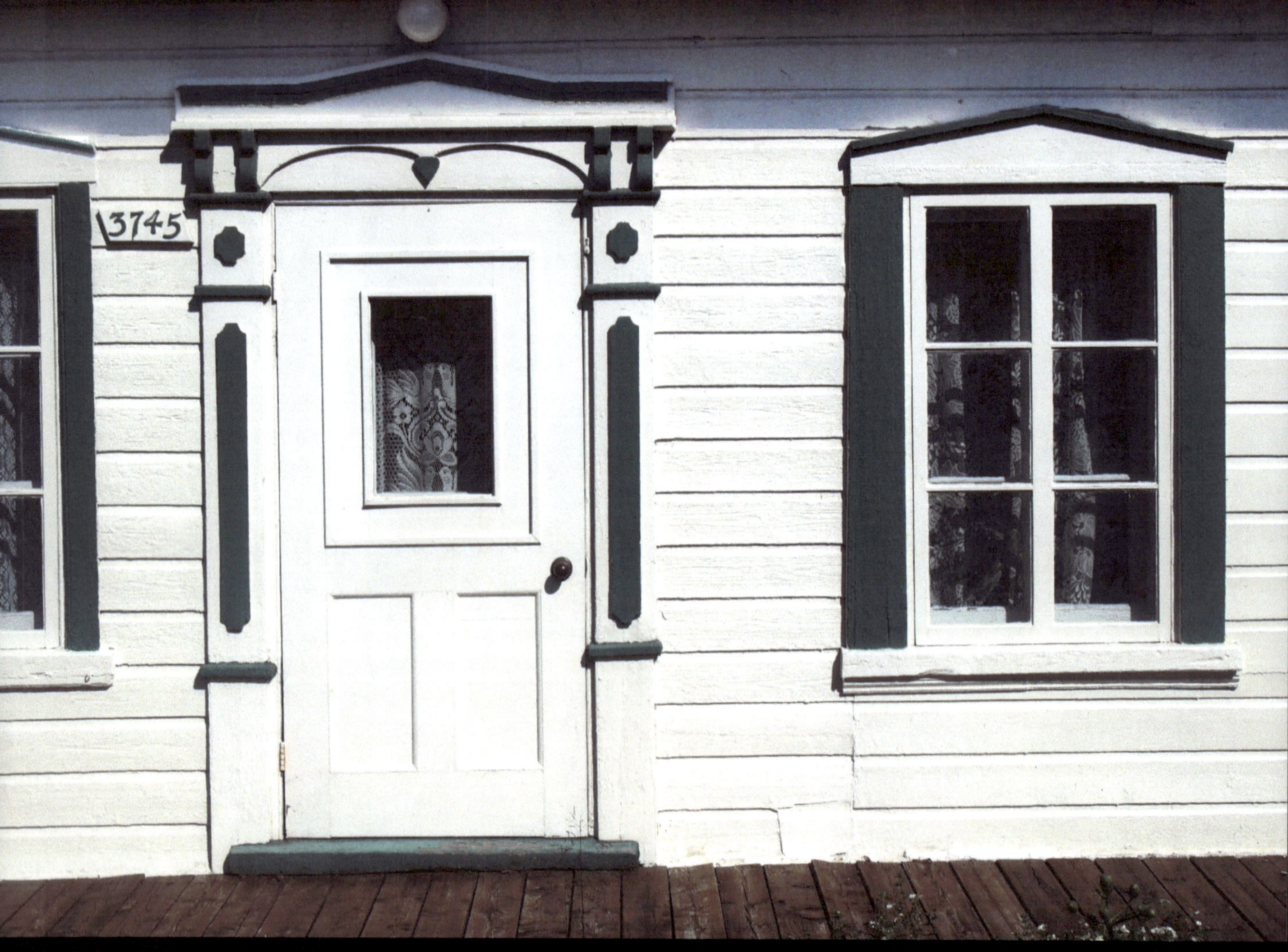
3745

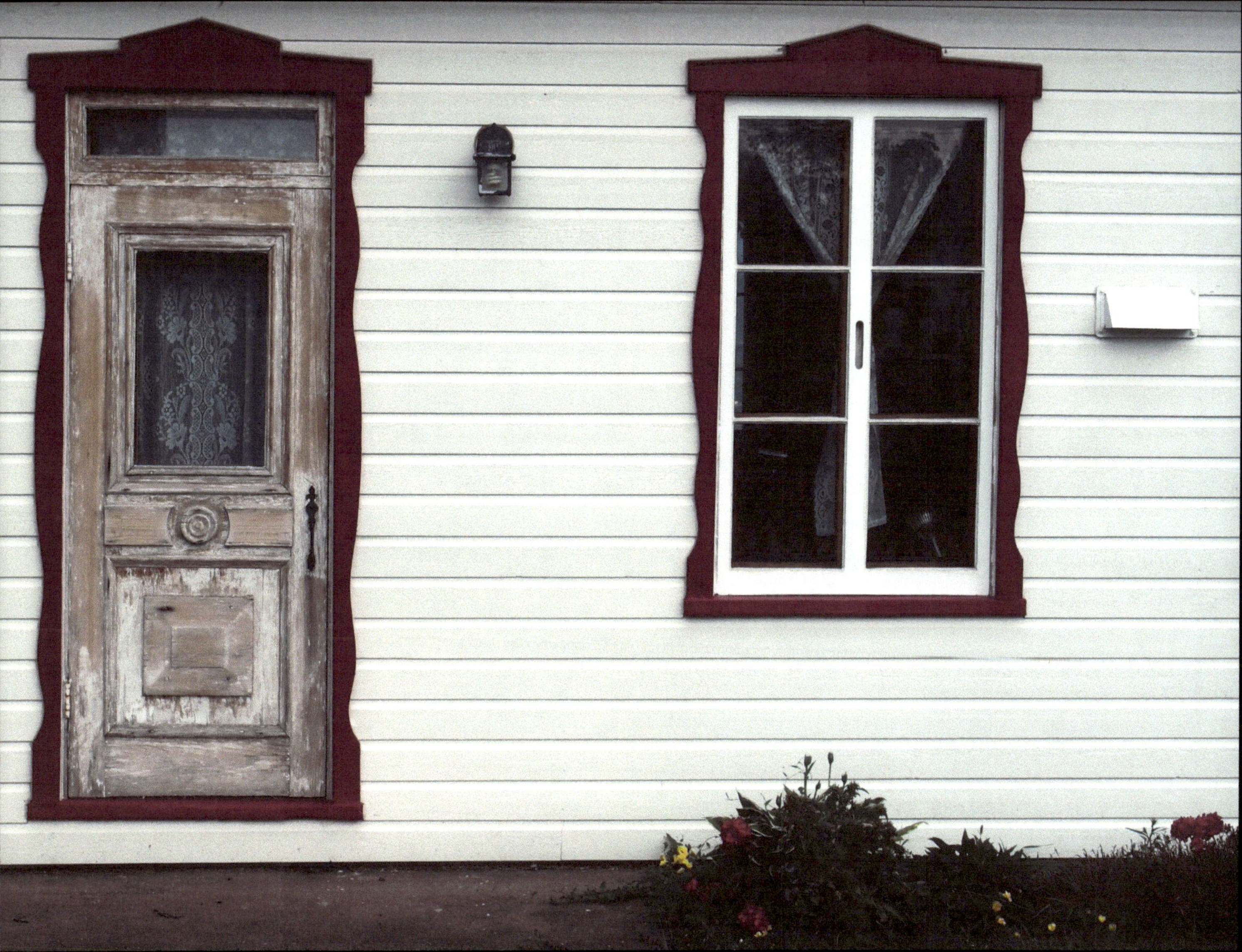

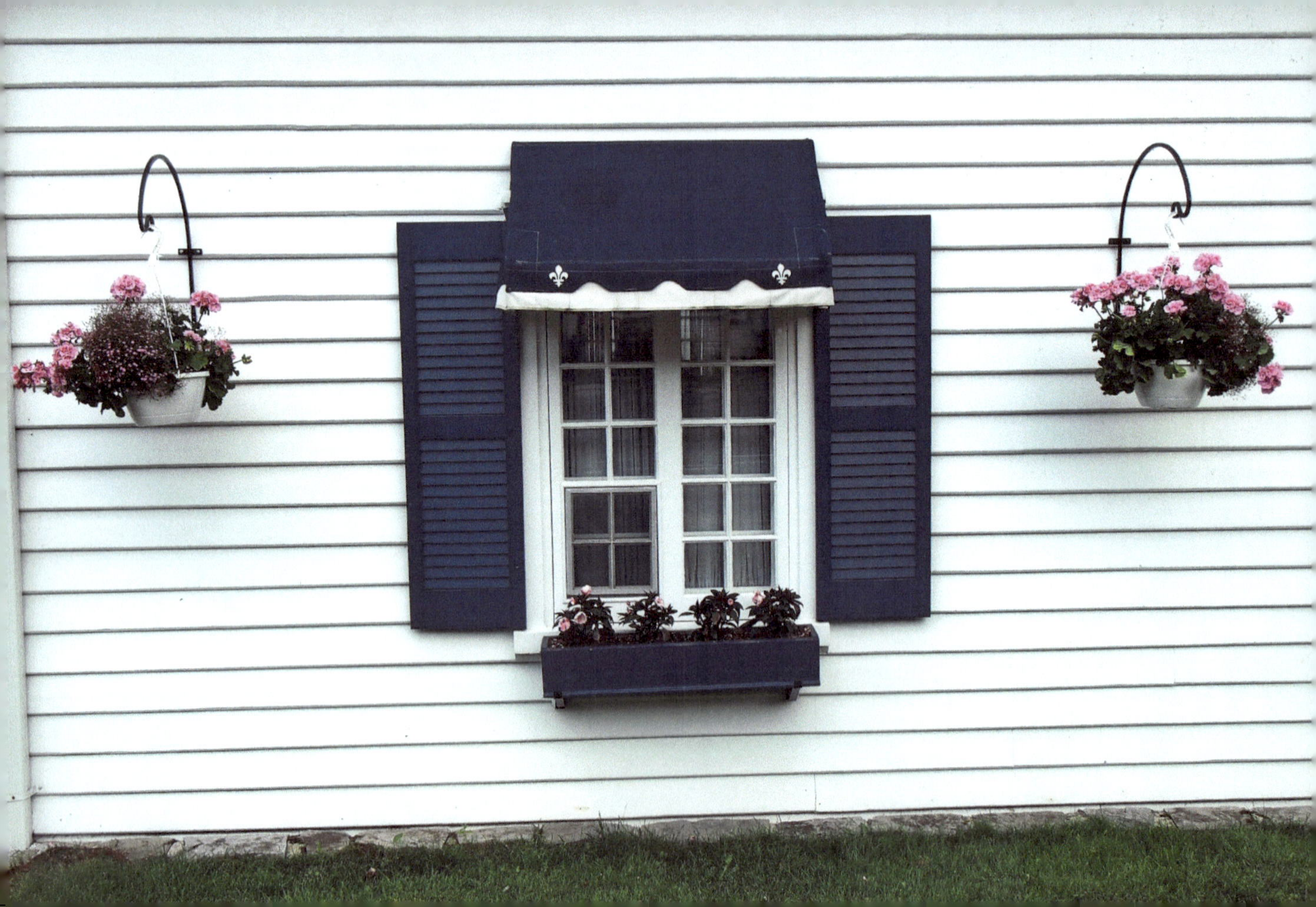

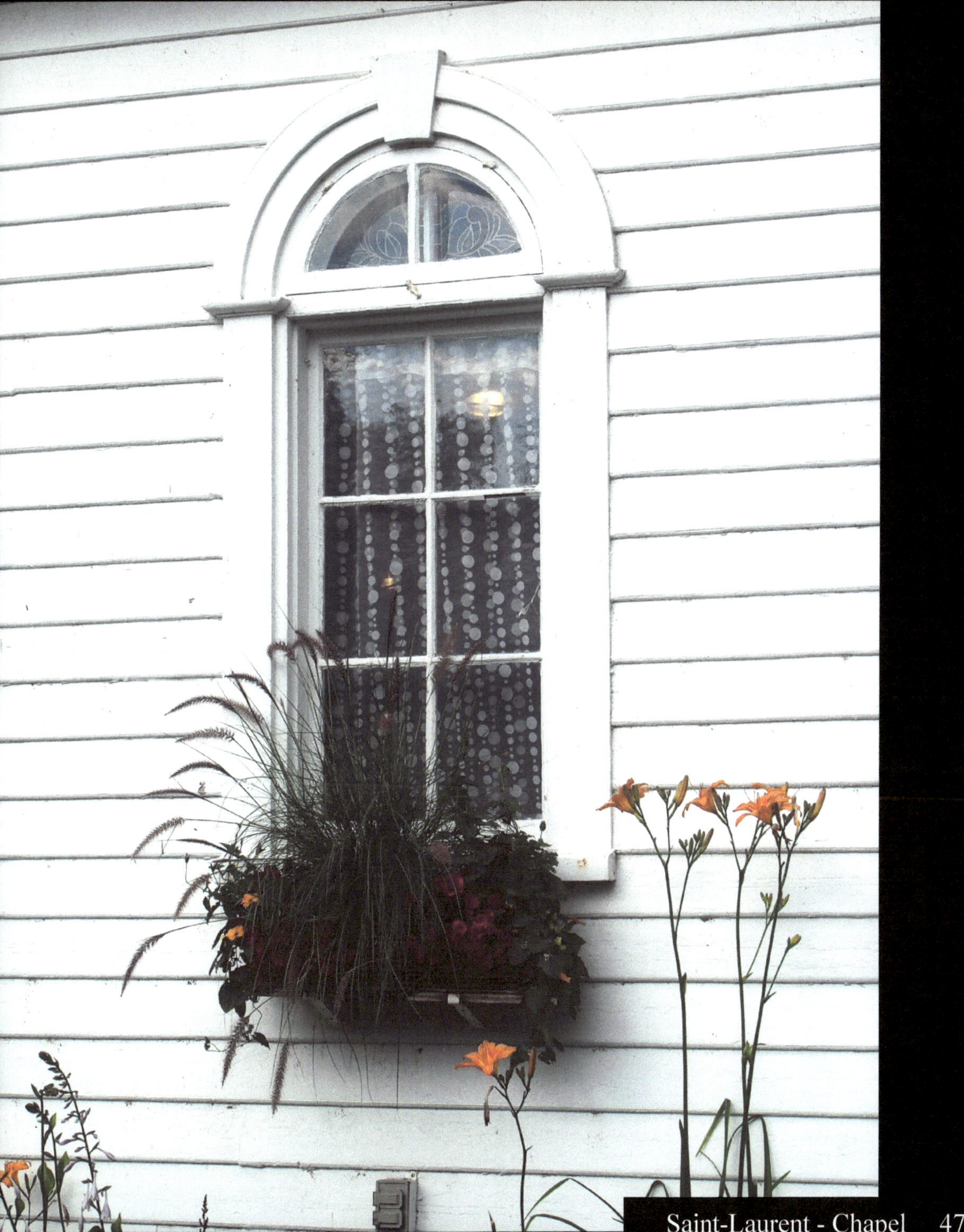

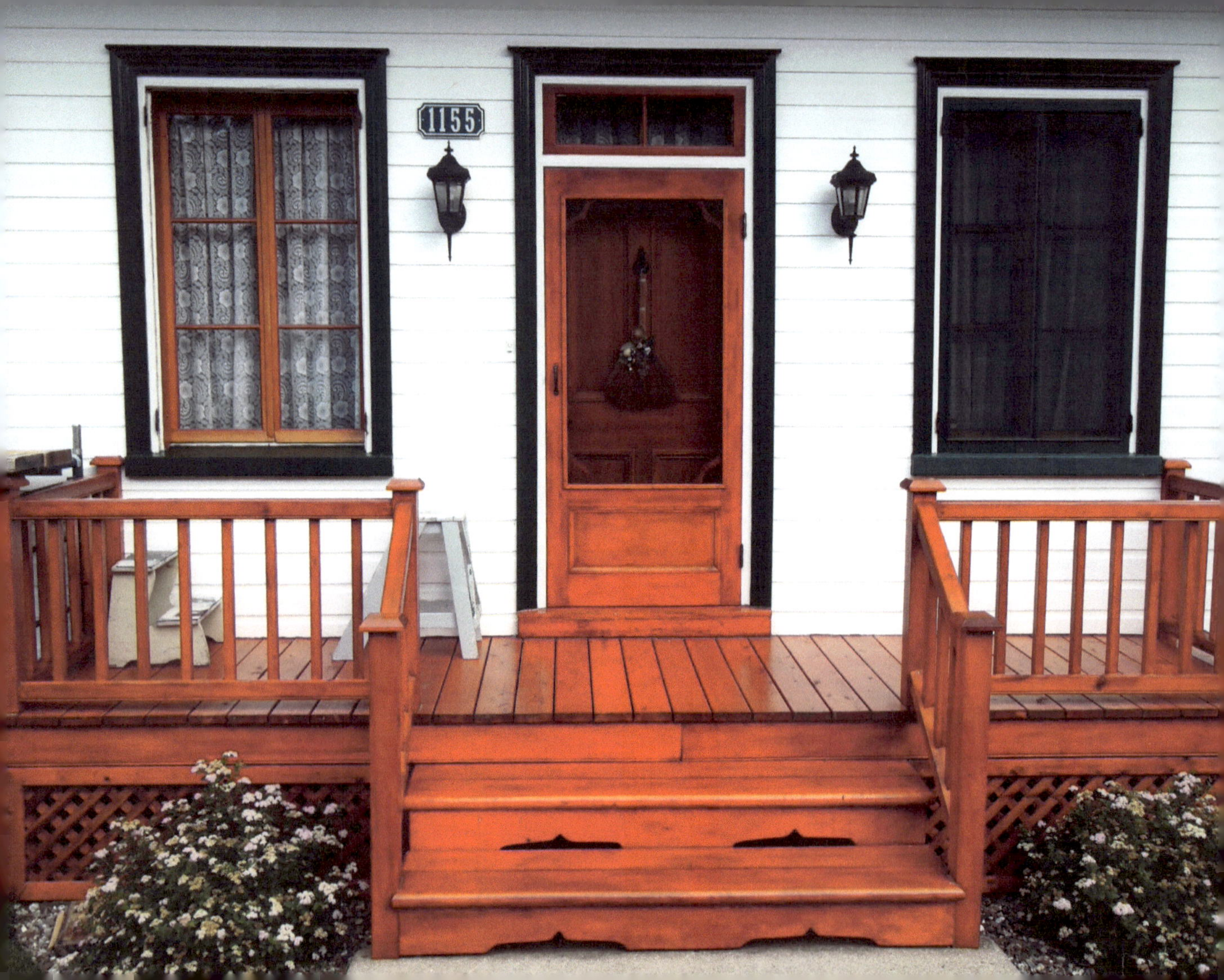
1155

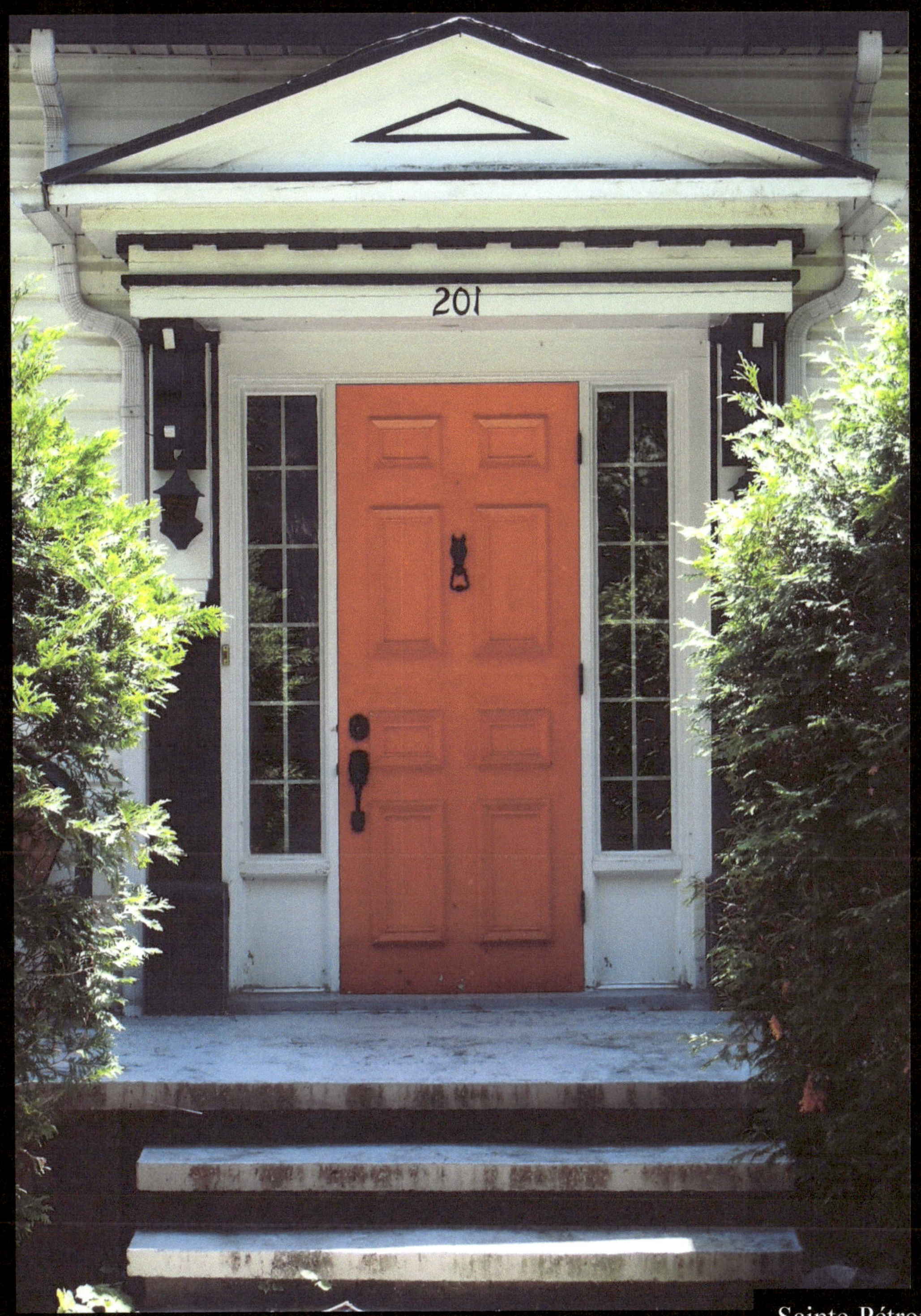
201

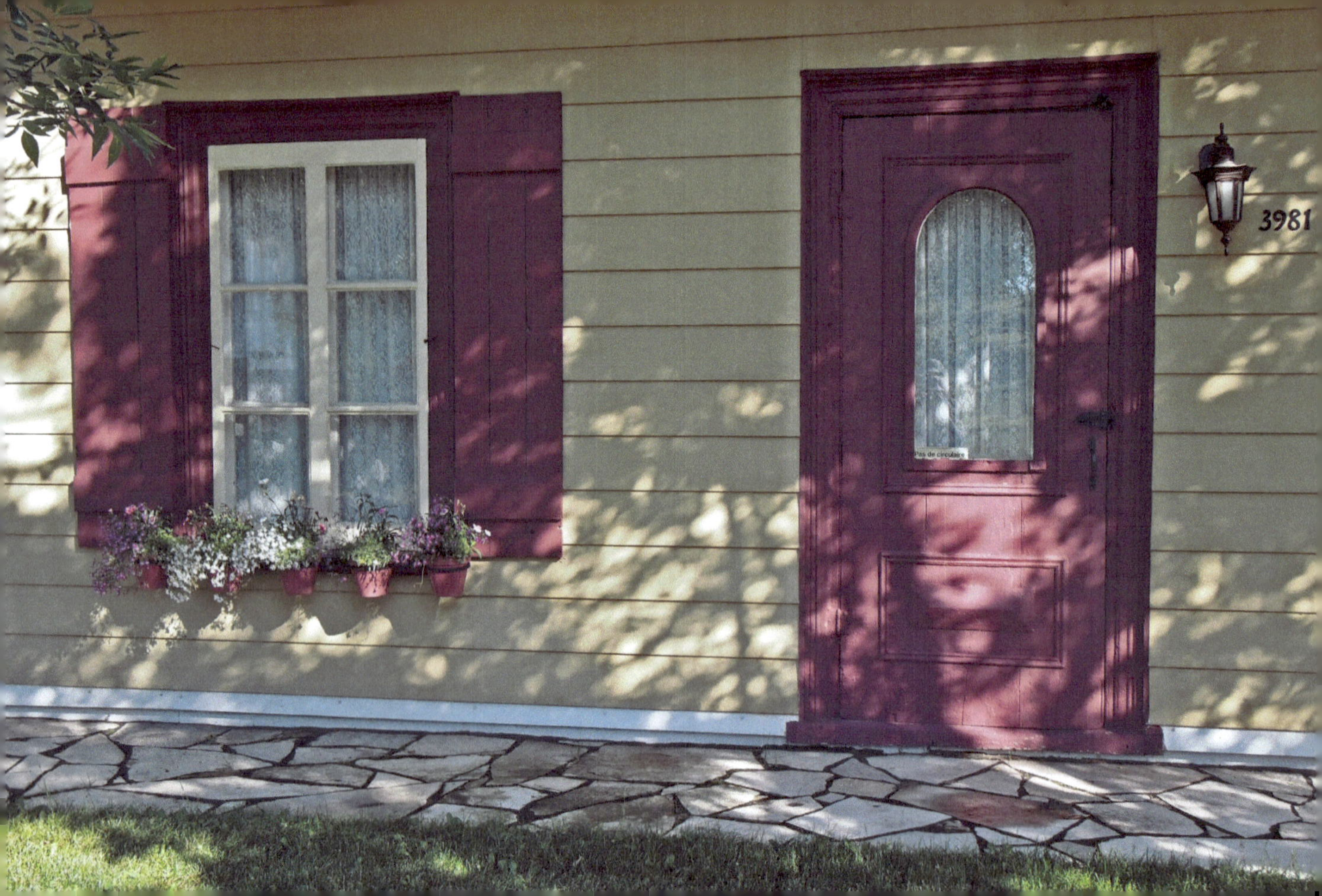
3981
Pas de circulaire

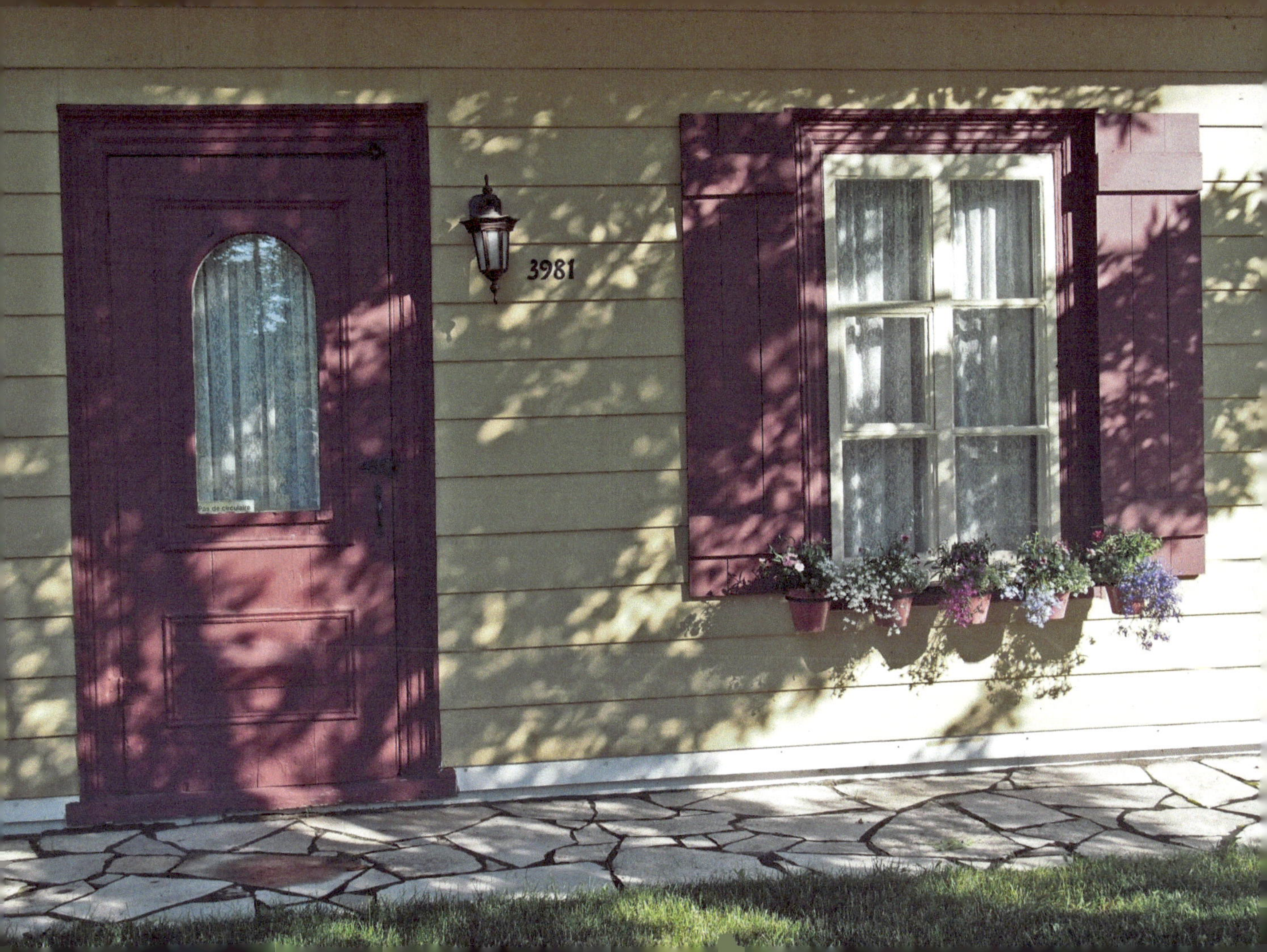
Pas de circulaire
3981

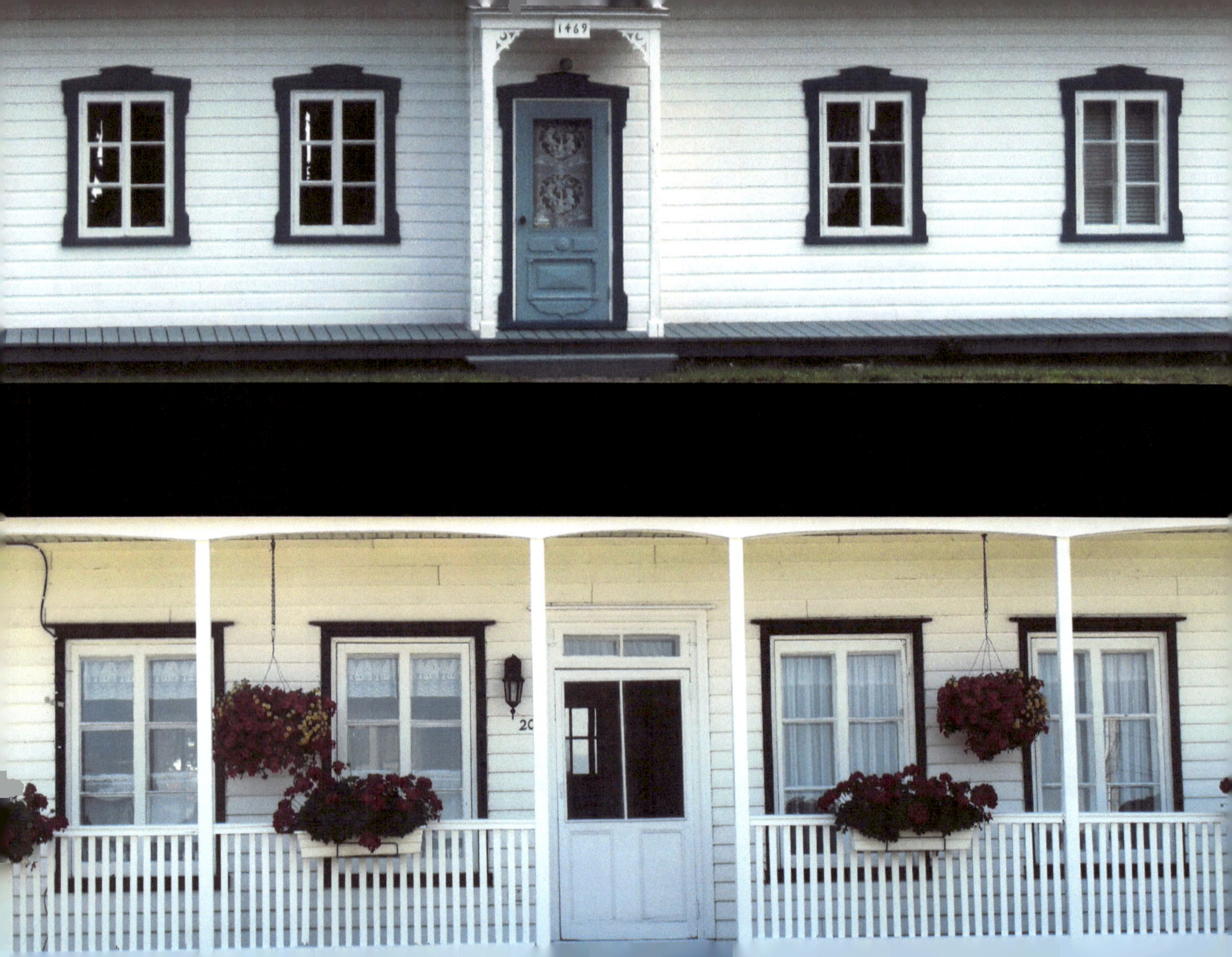
1469
20

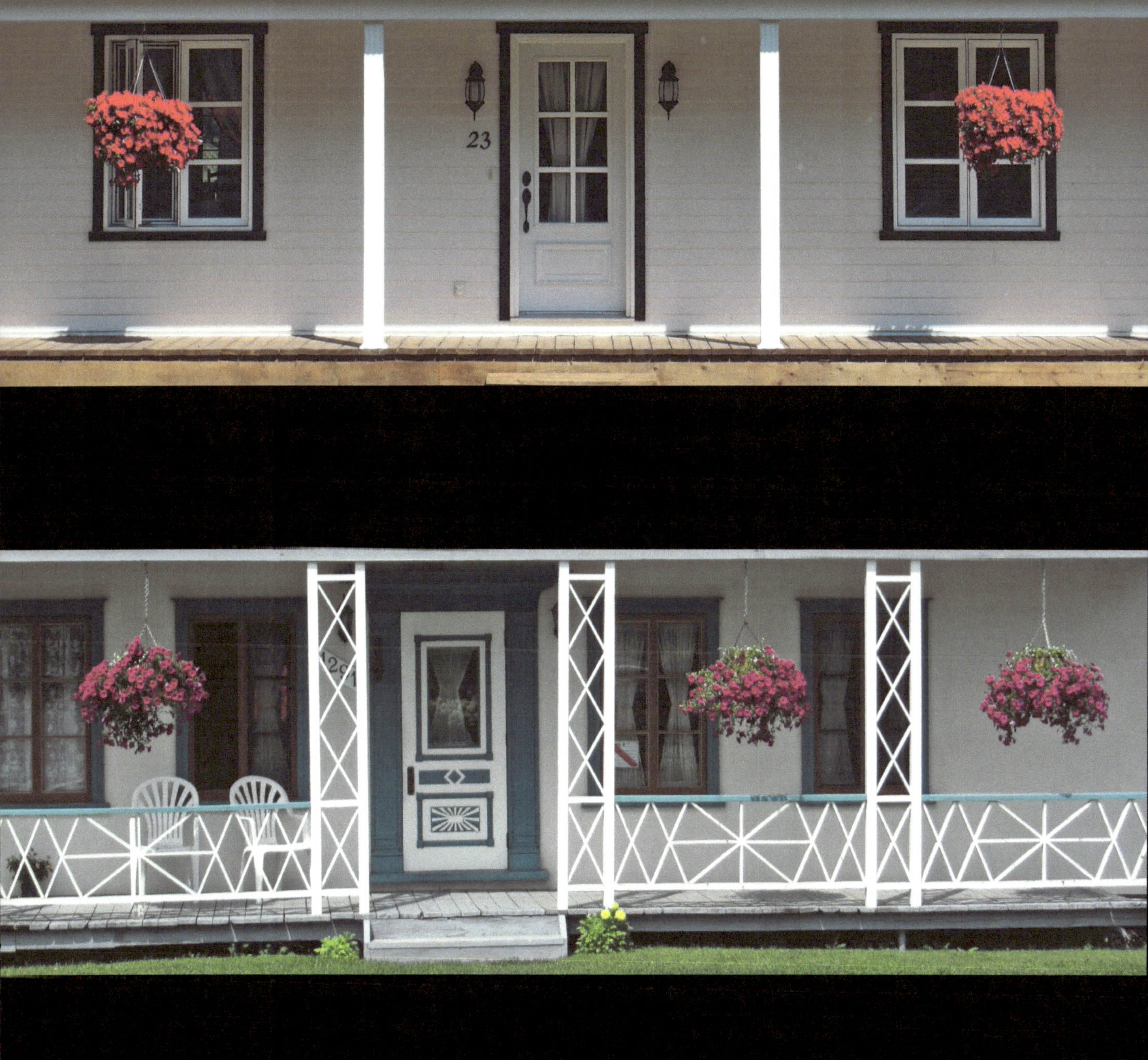

Sainte-Pétronille (top); 1859 Saint-Pierre (bottom)

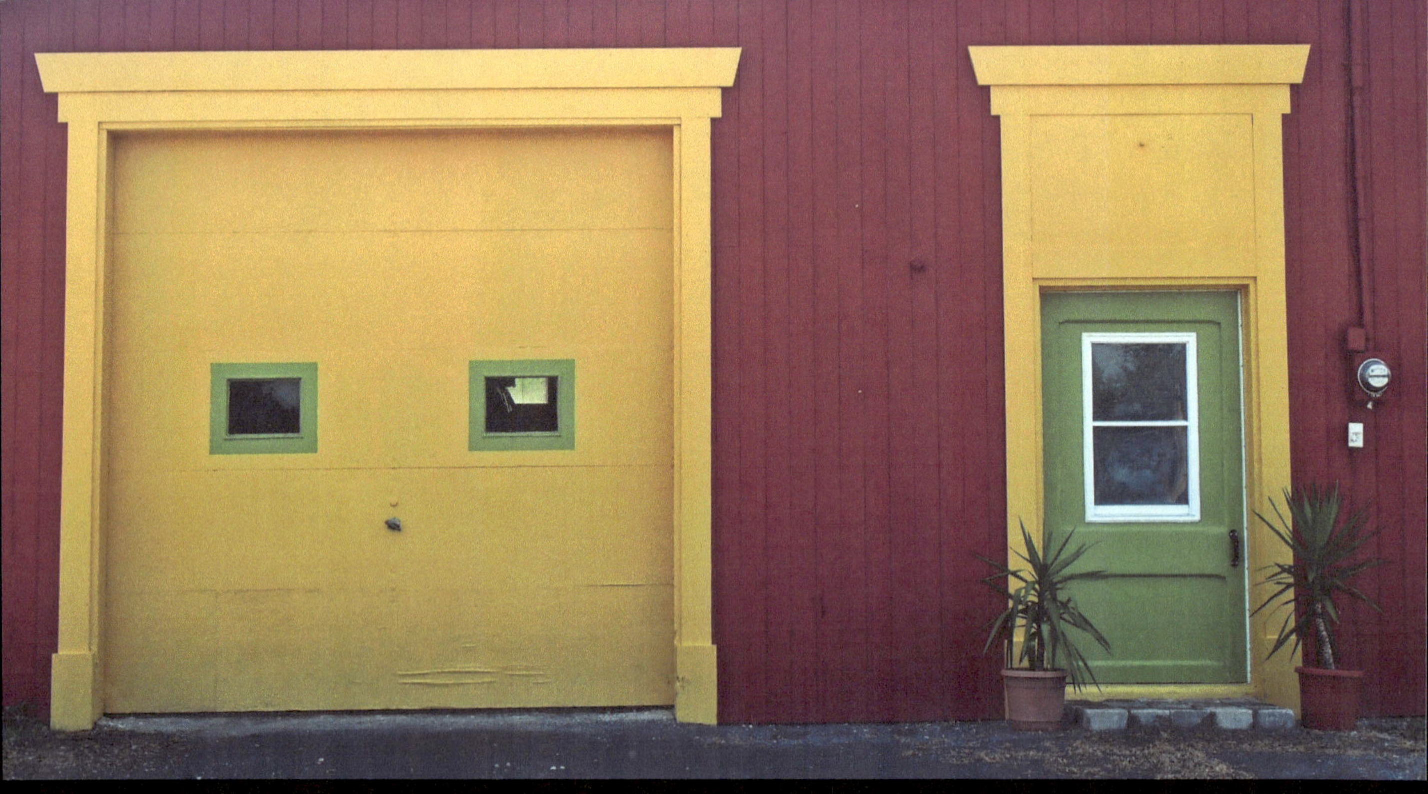

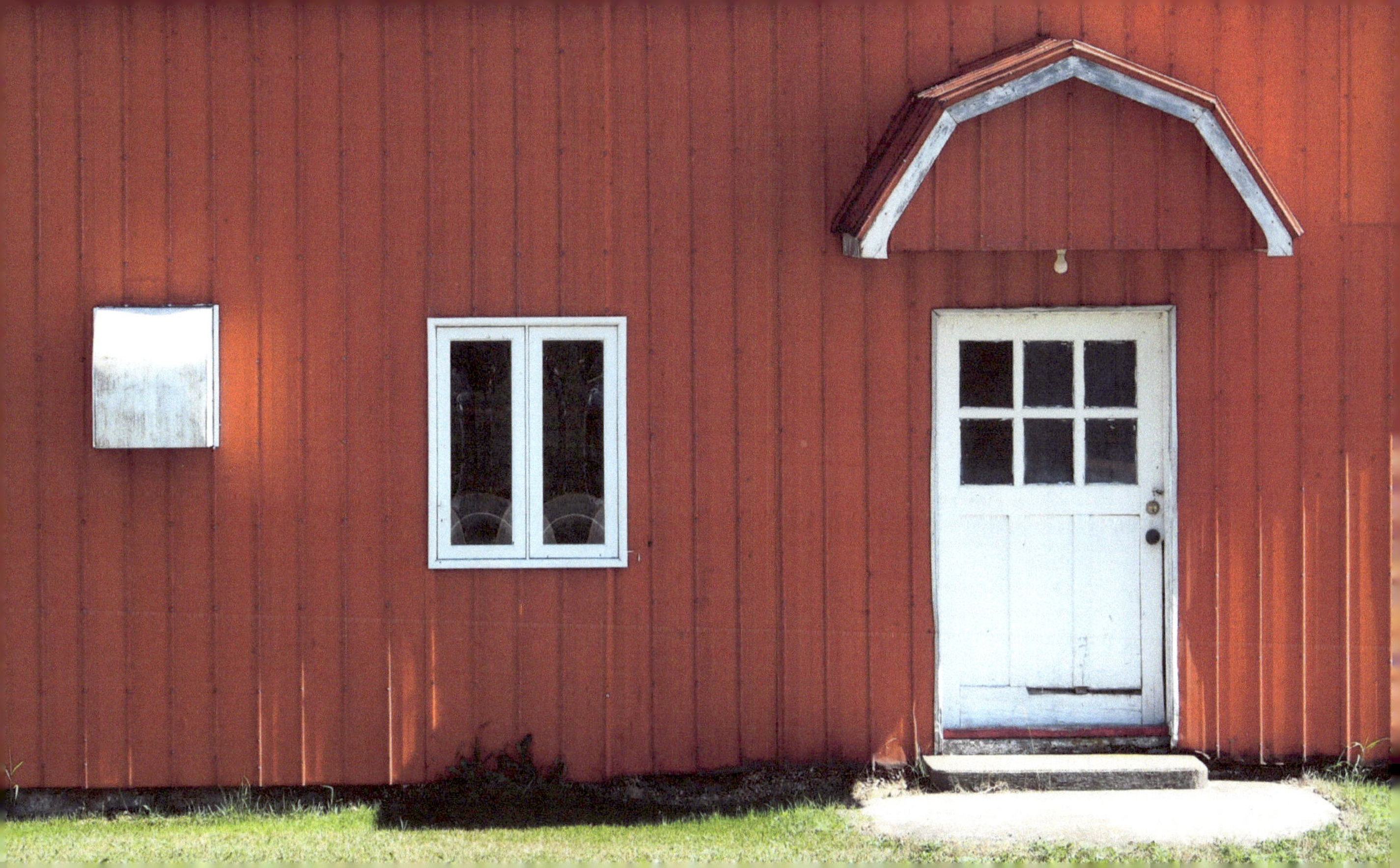

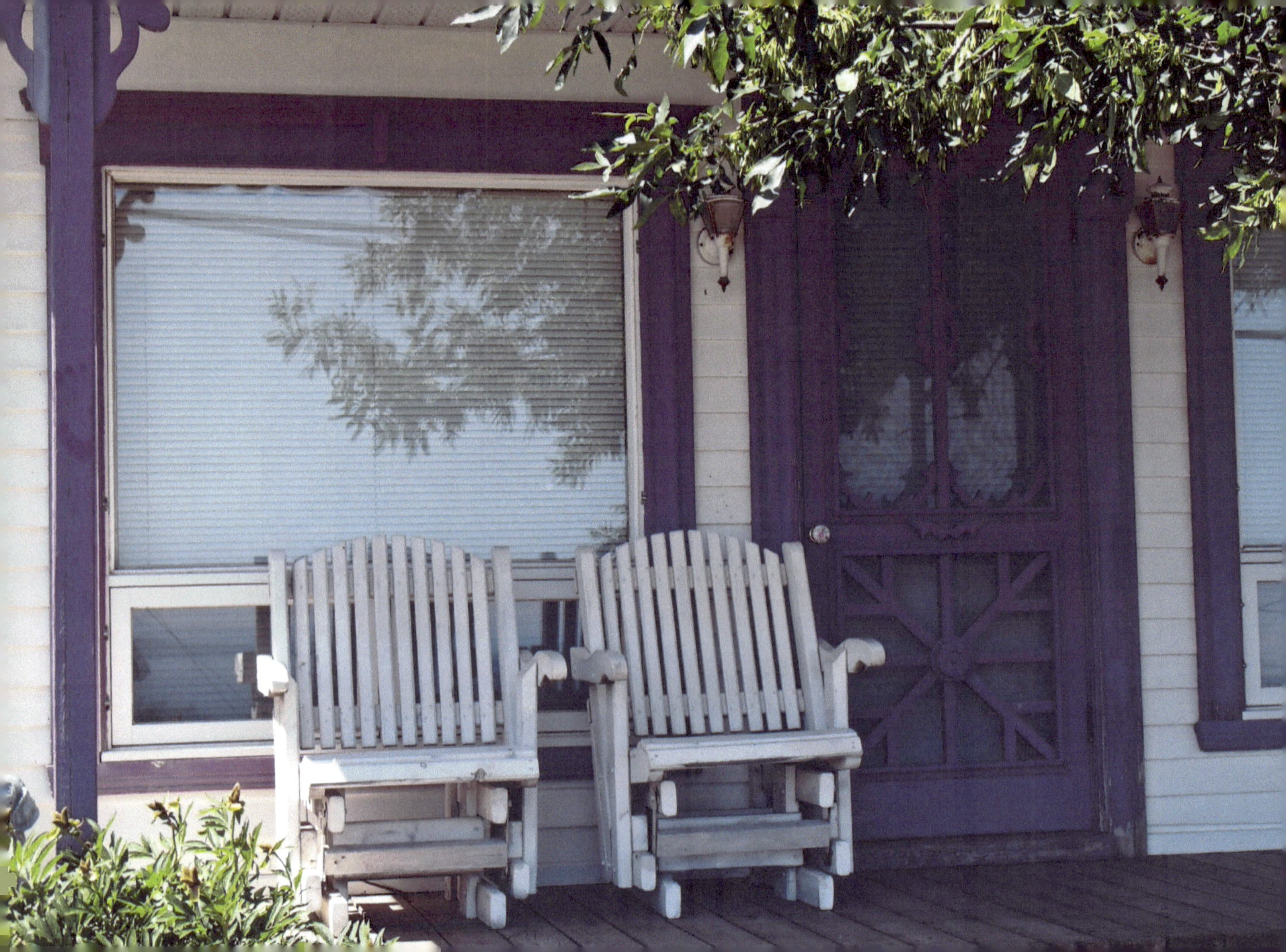

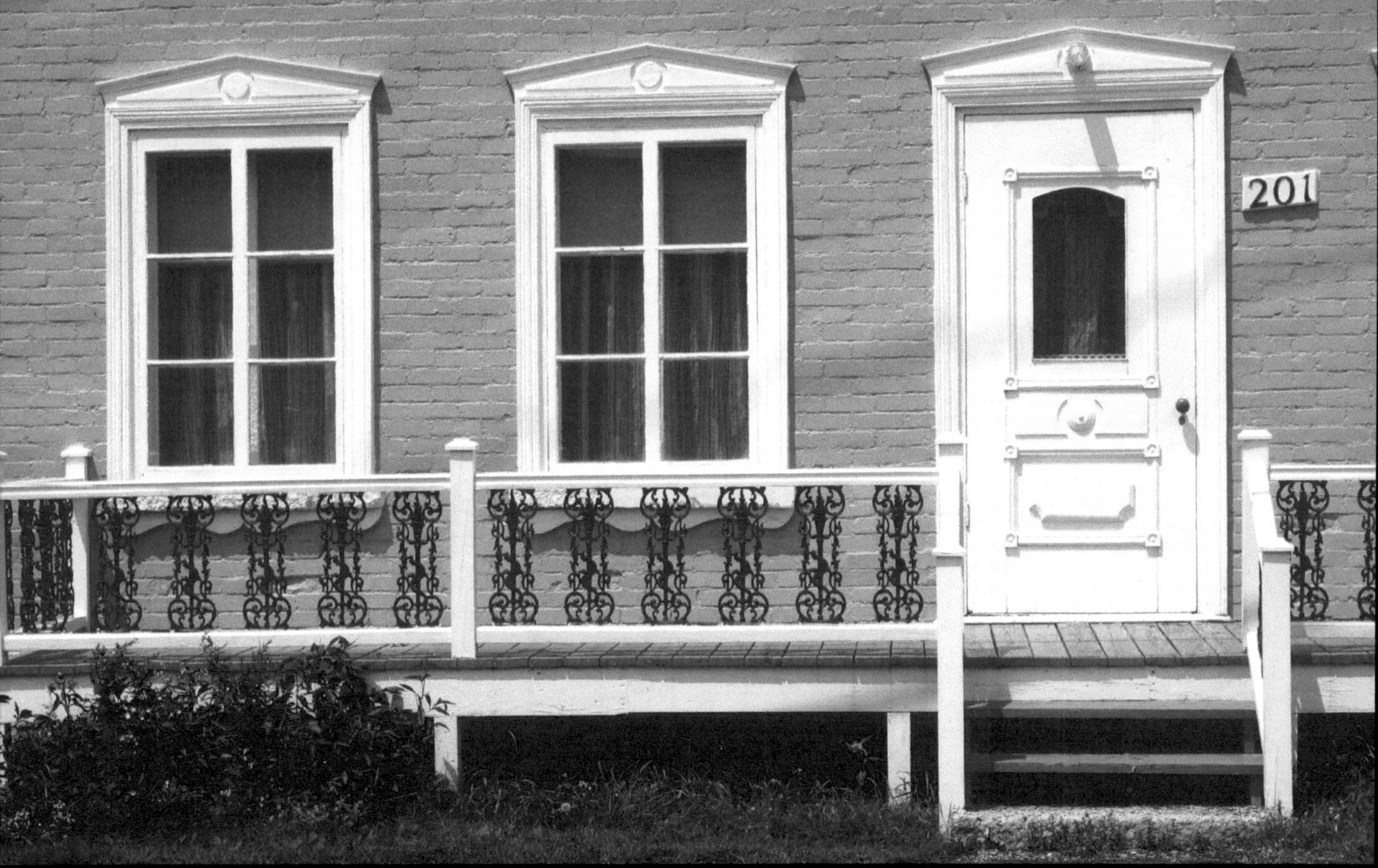
201

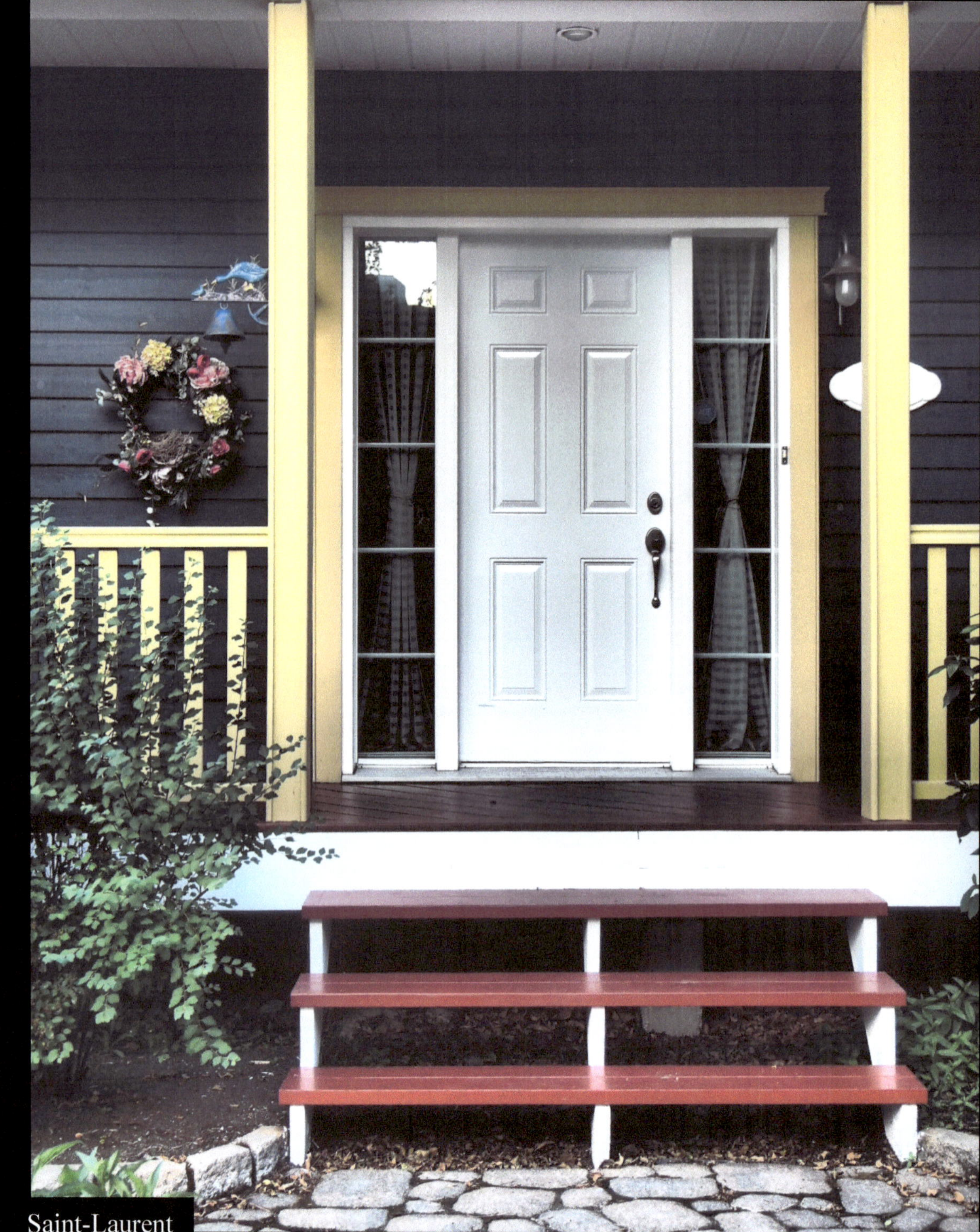

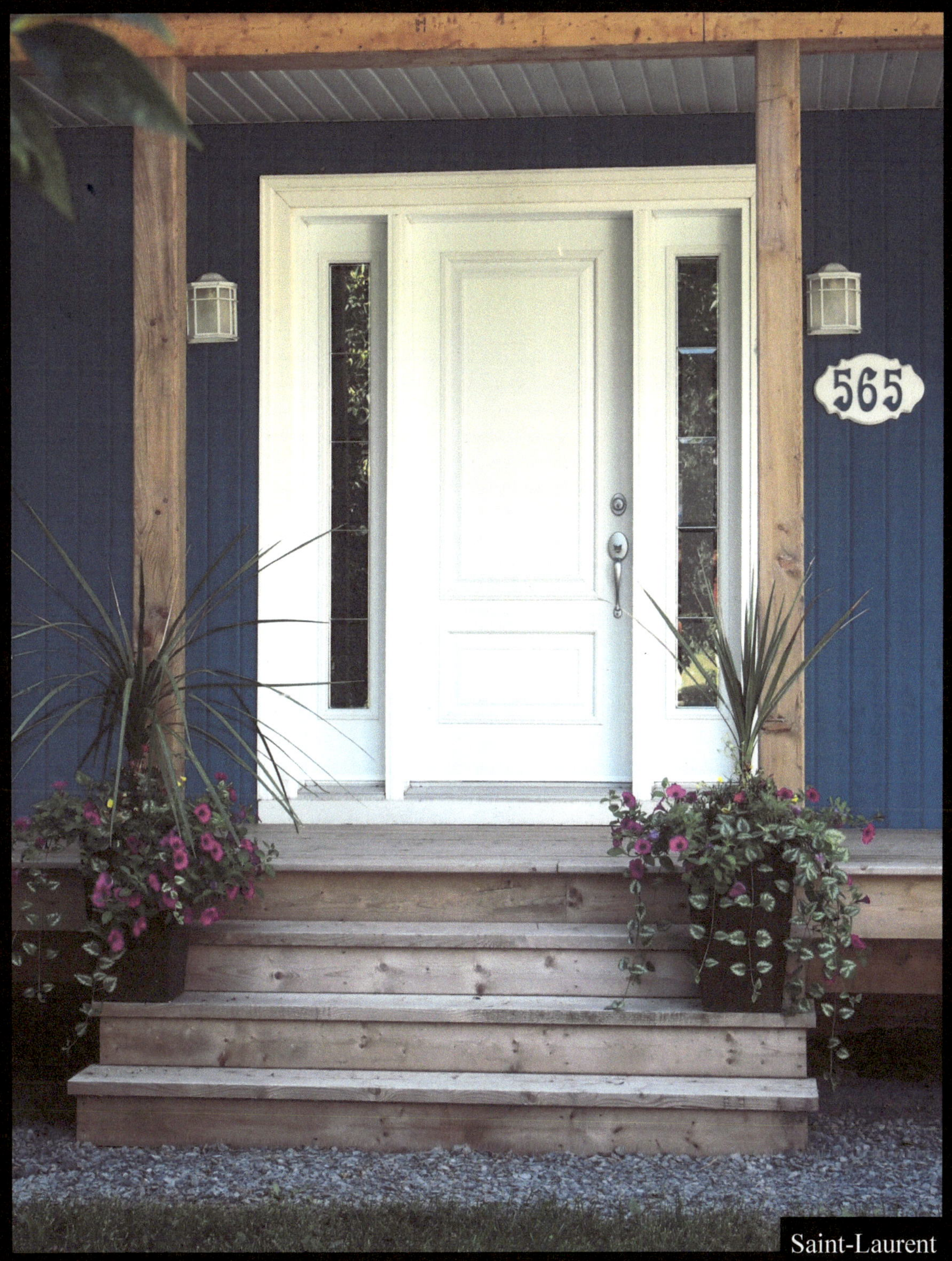
565

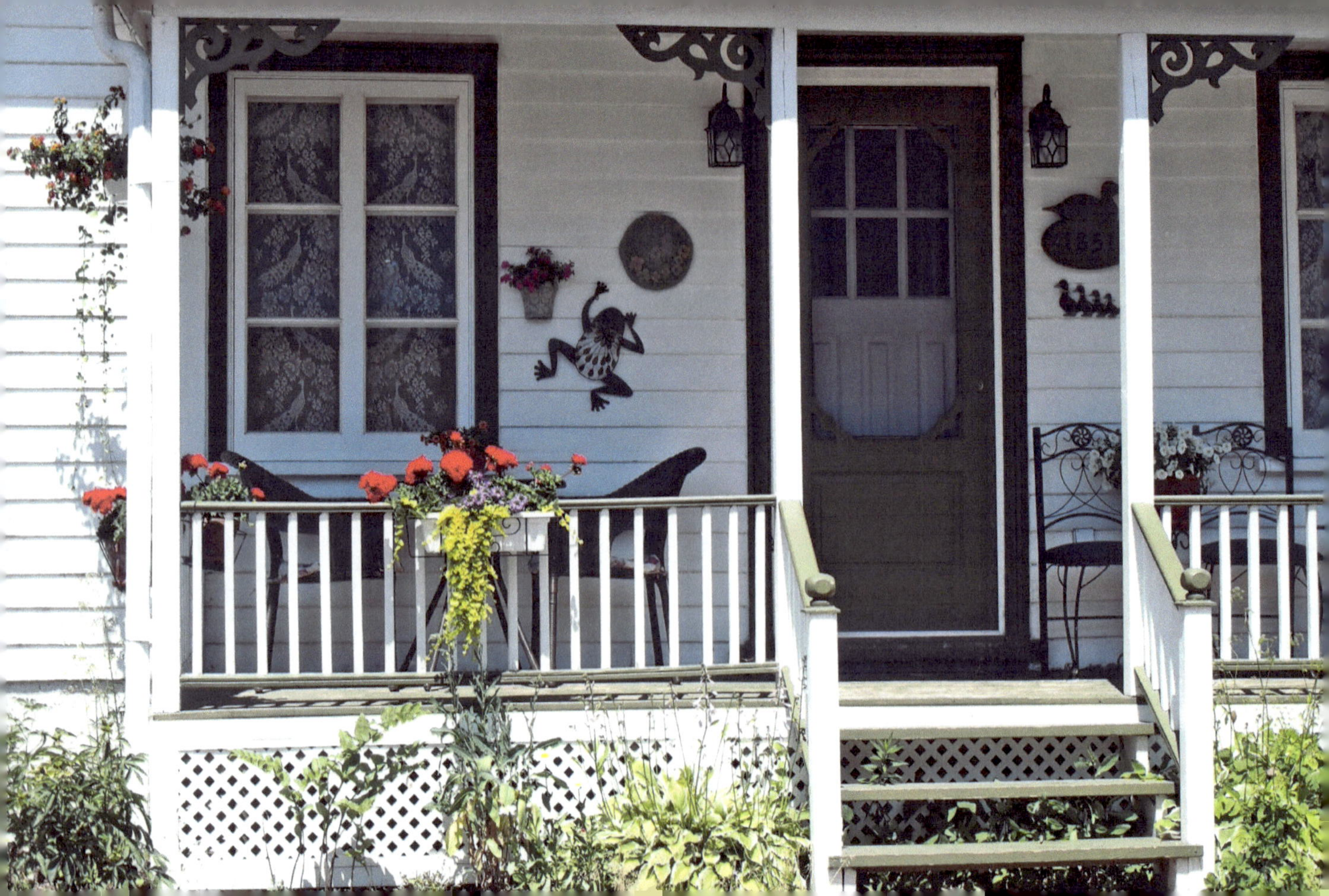

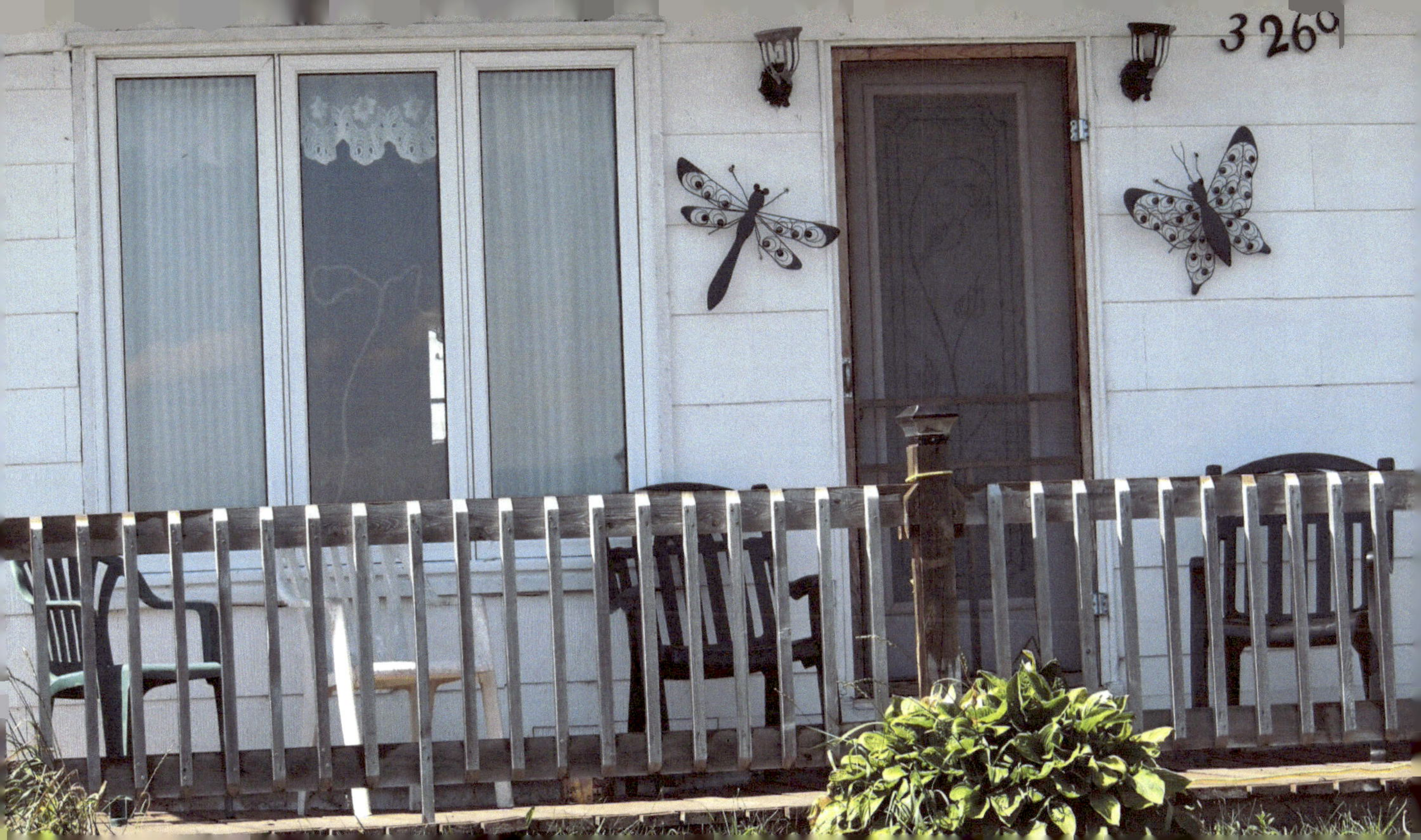
326

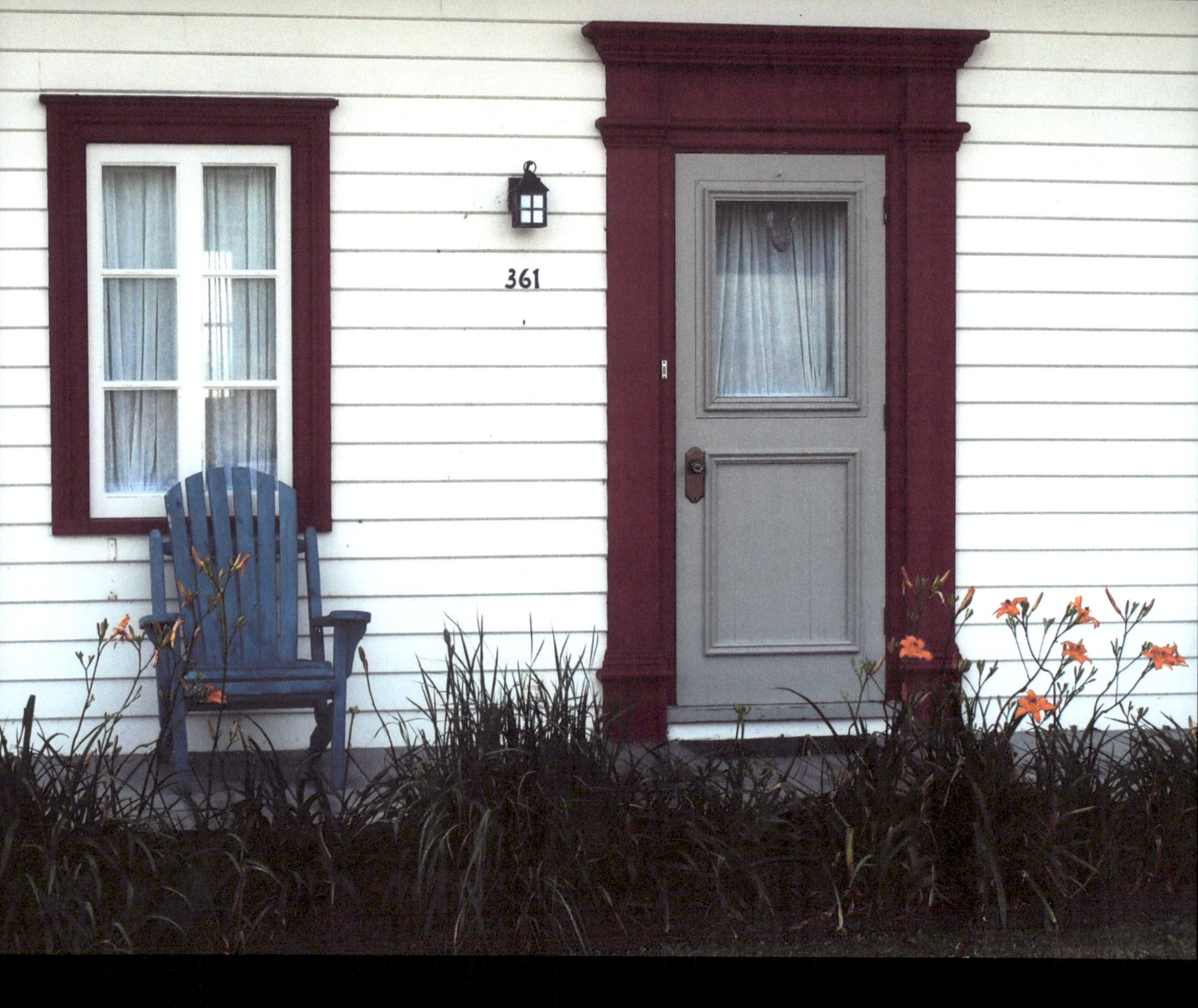

 Saint-François 1882

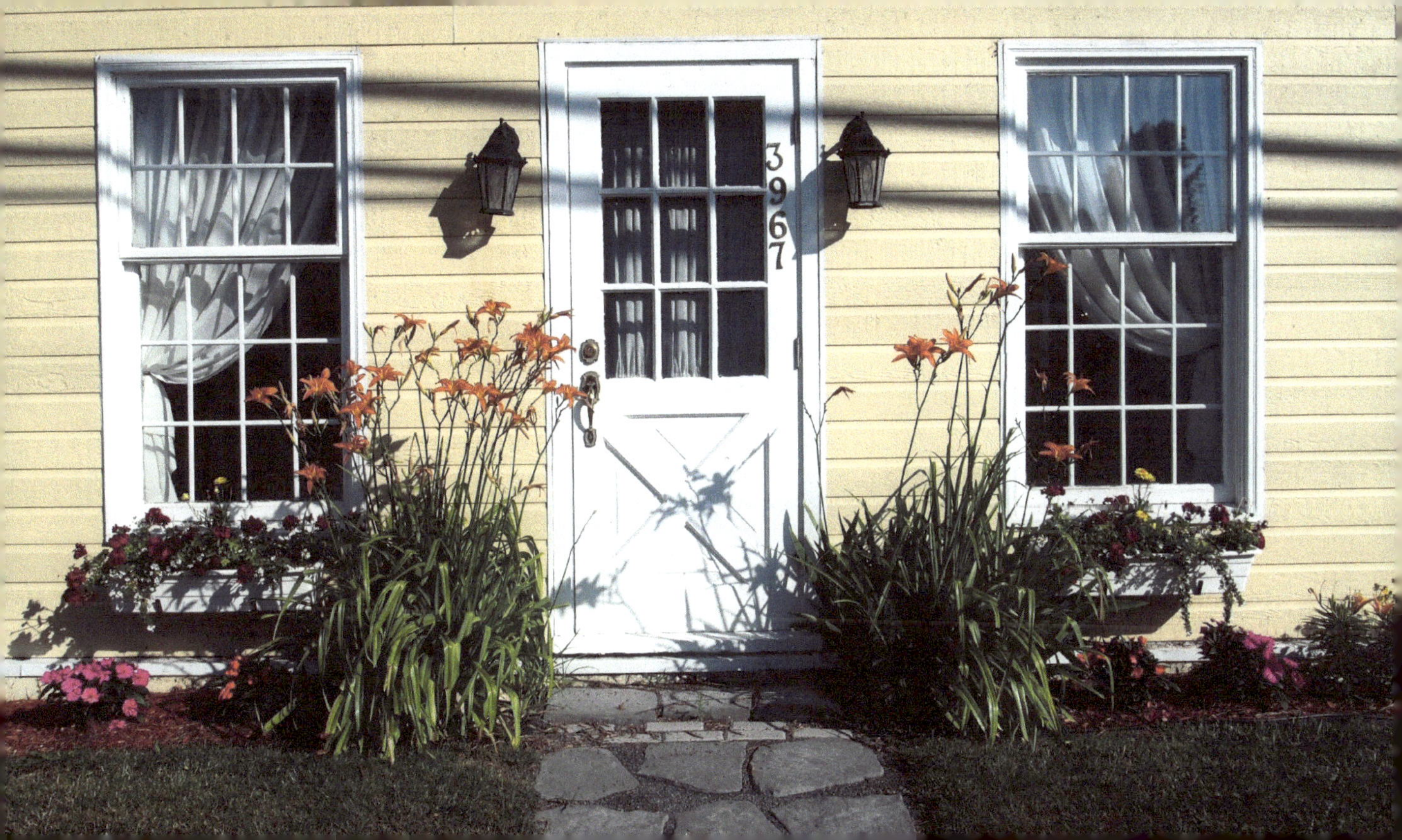
3967

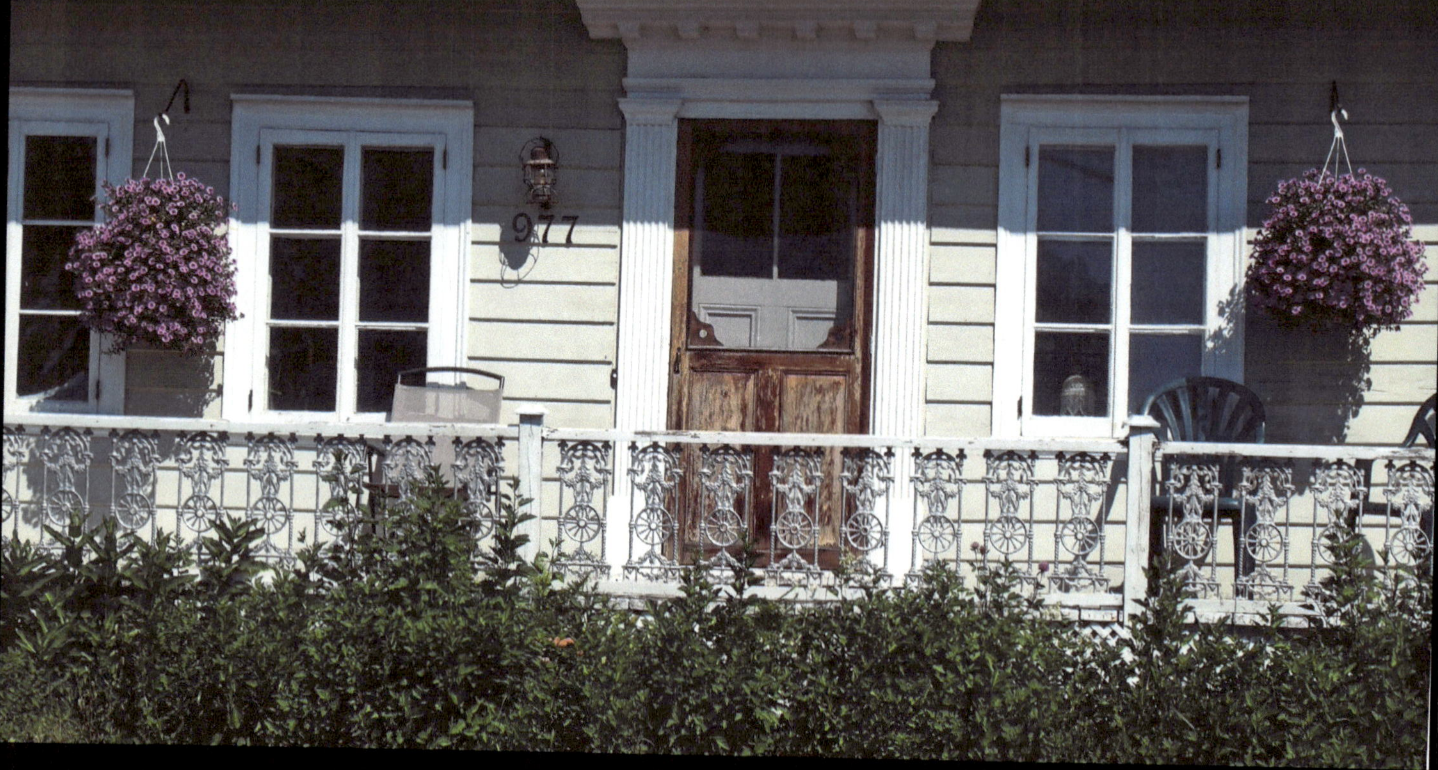
977

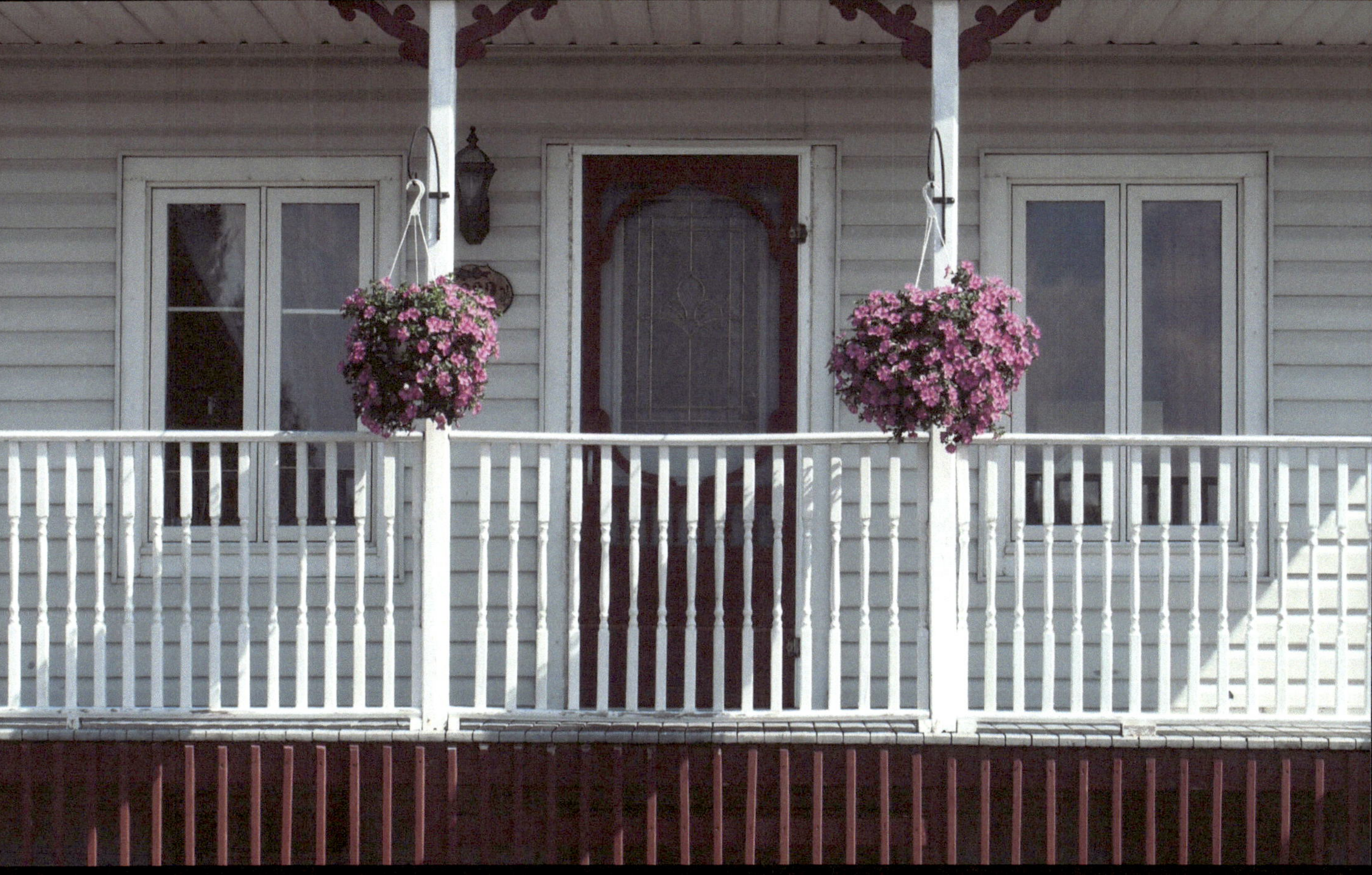

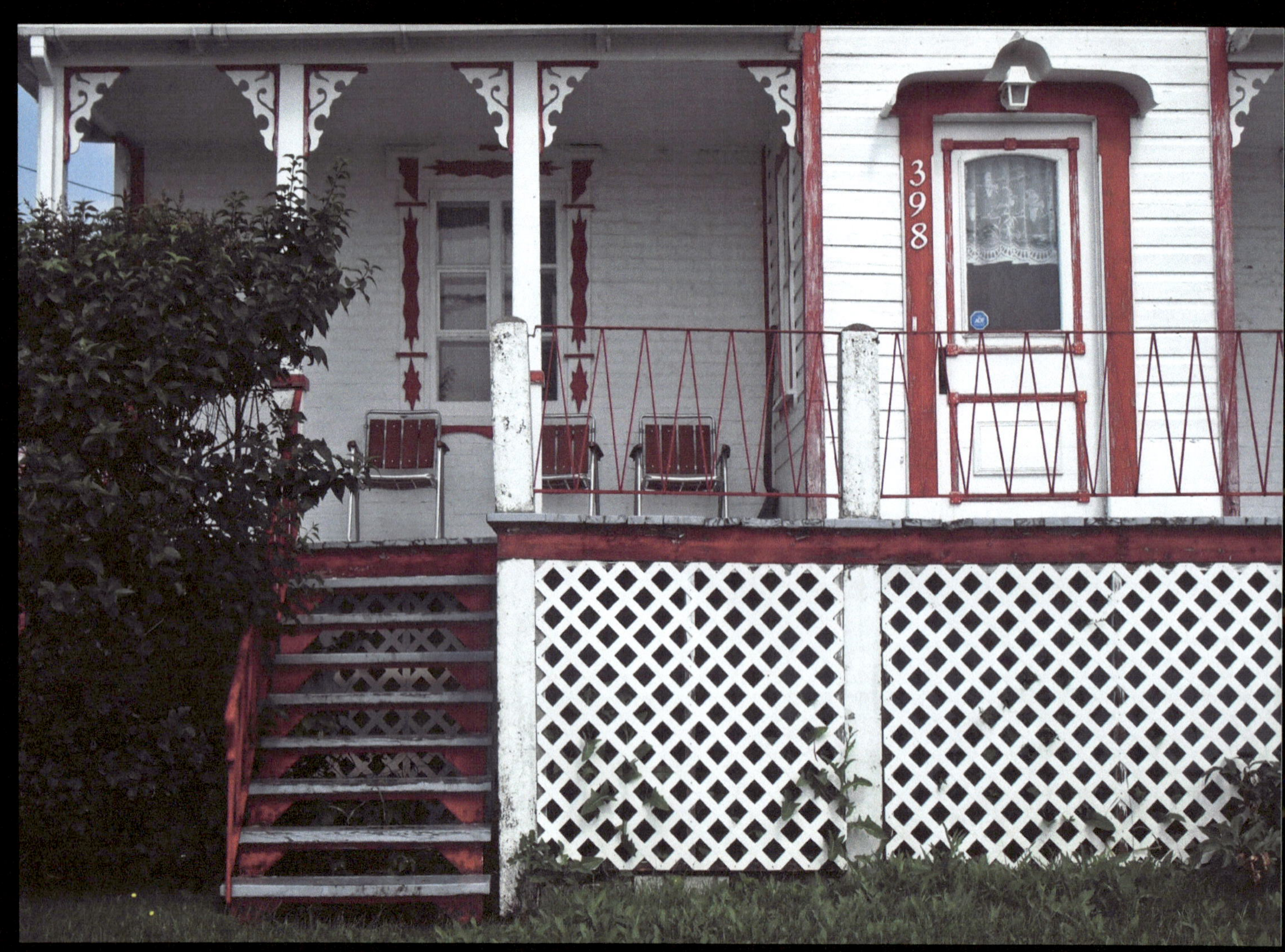

 Saint-François 1905

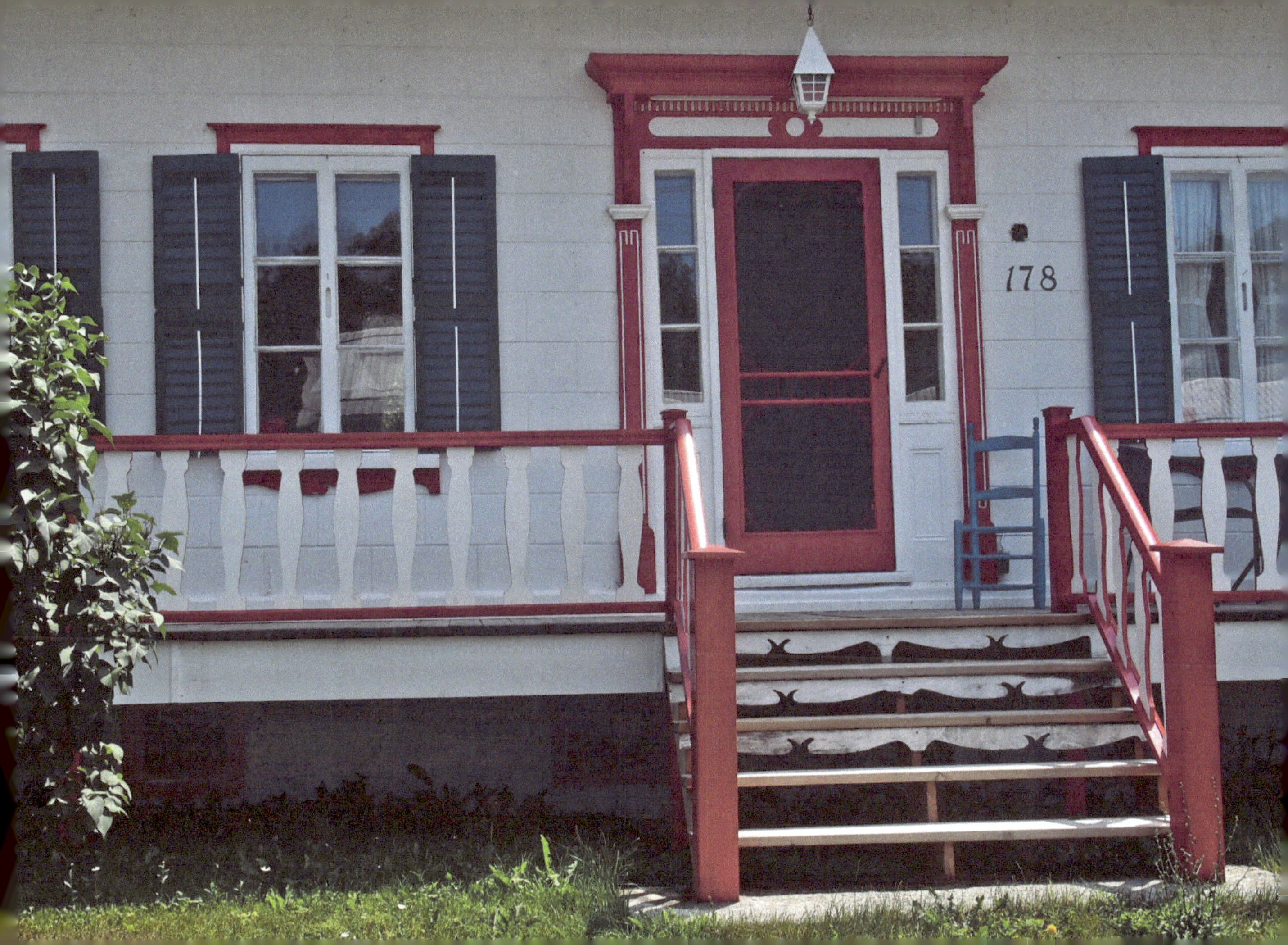
178

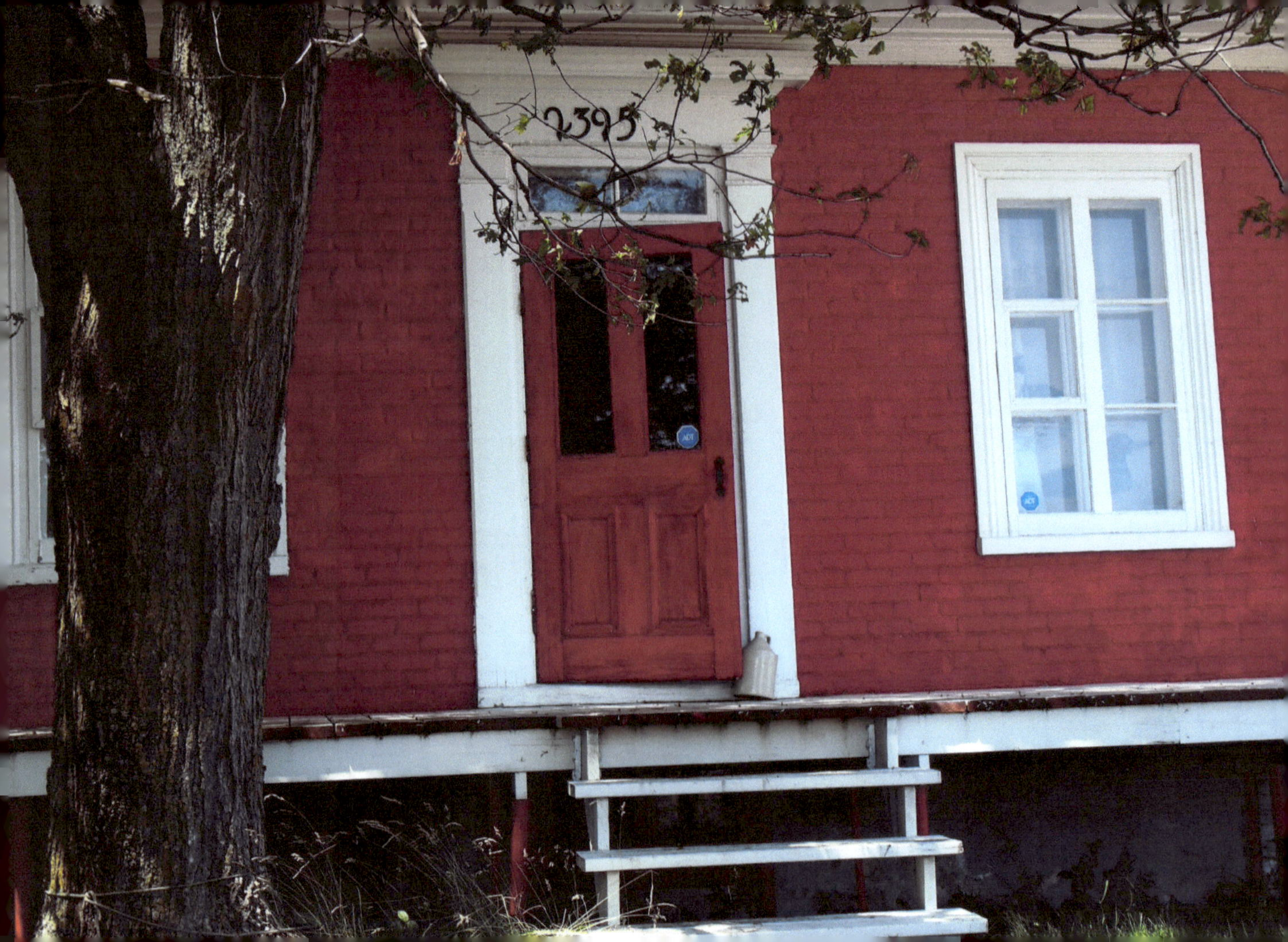
2395

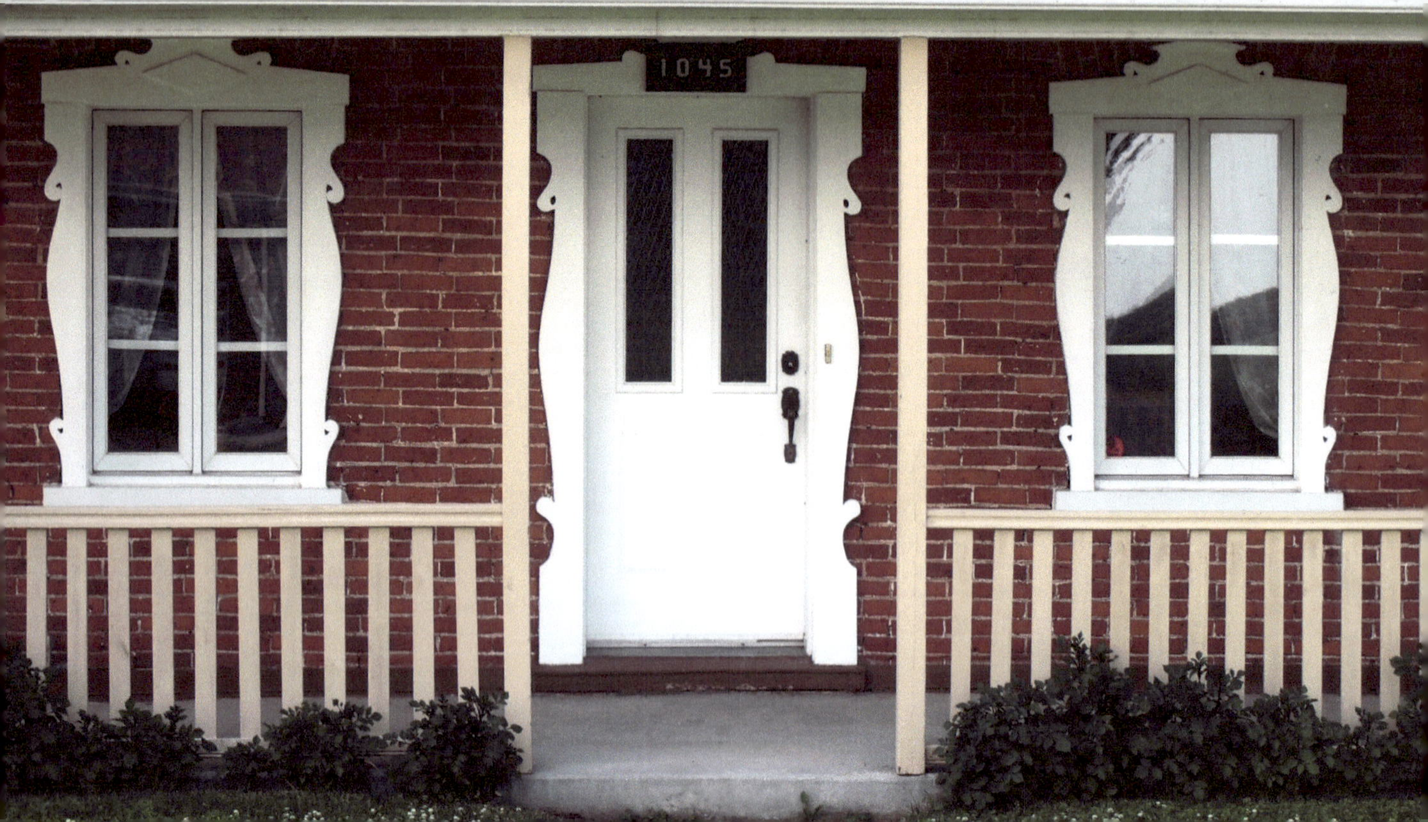
1045

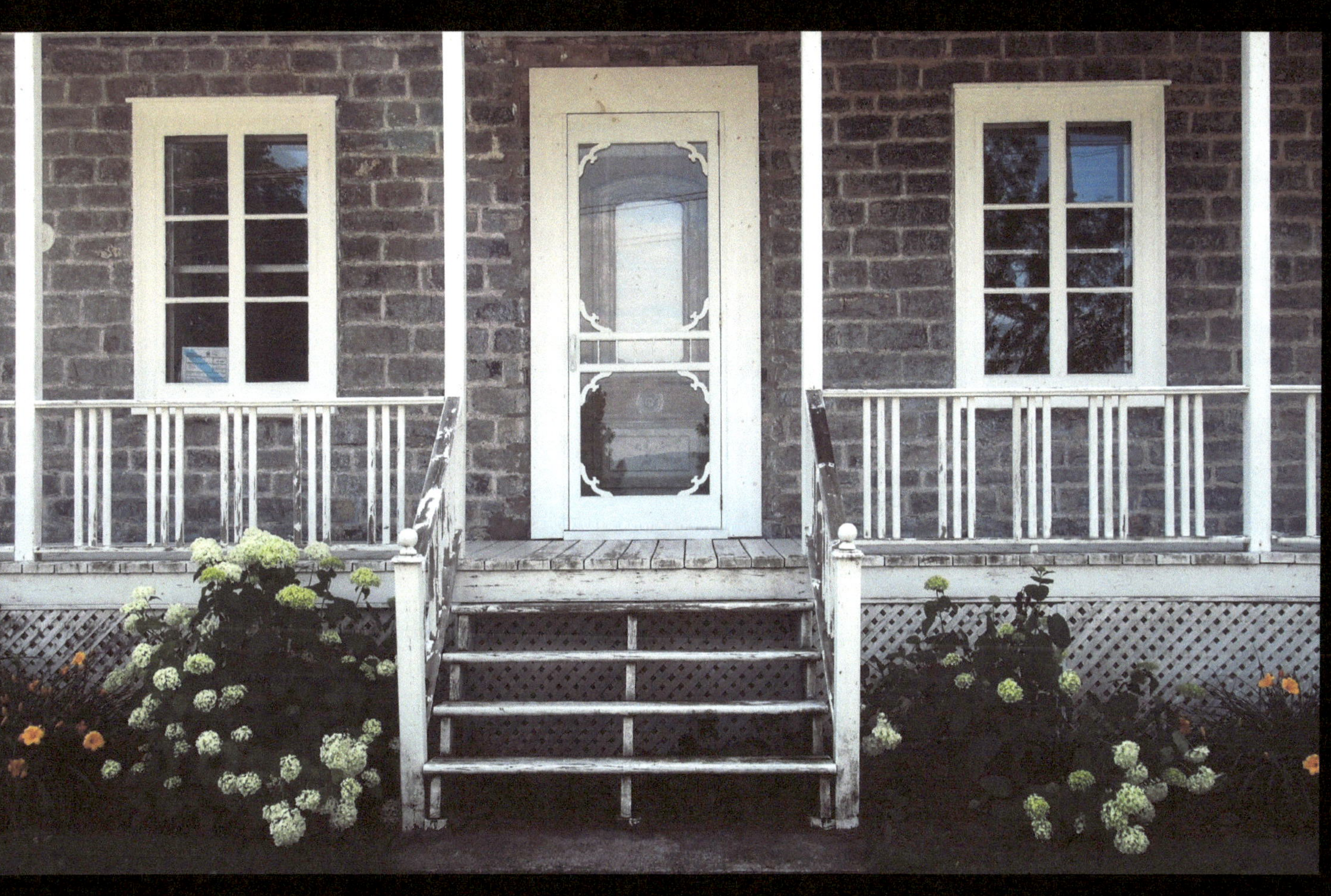

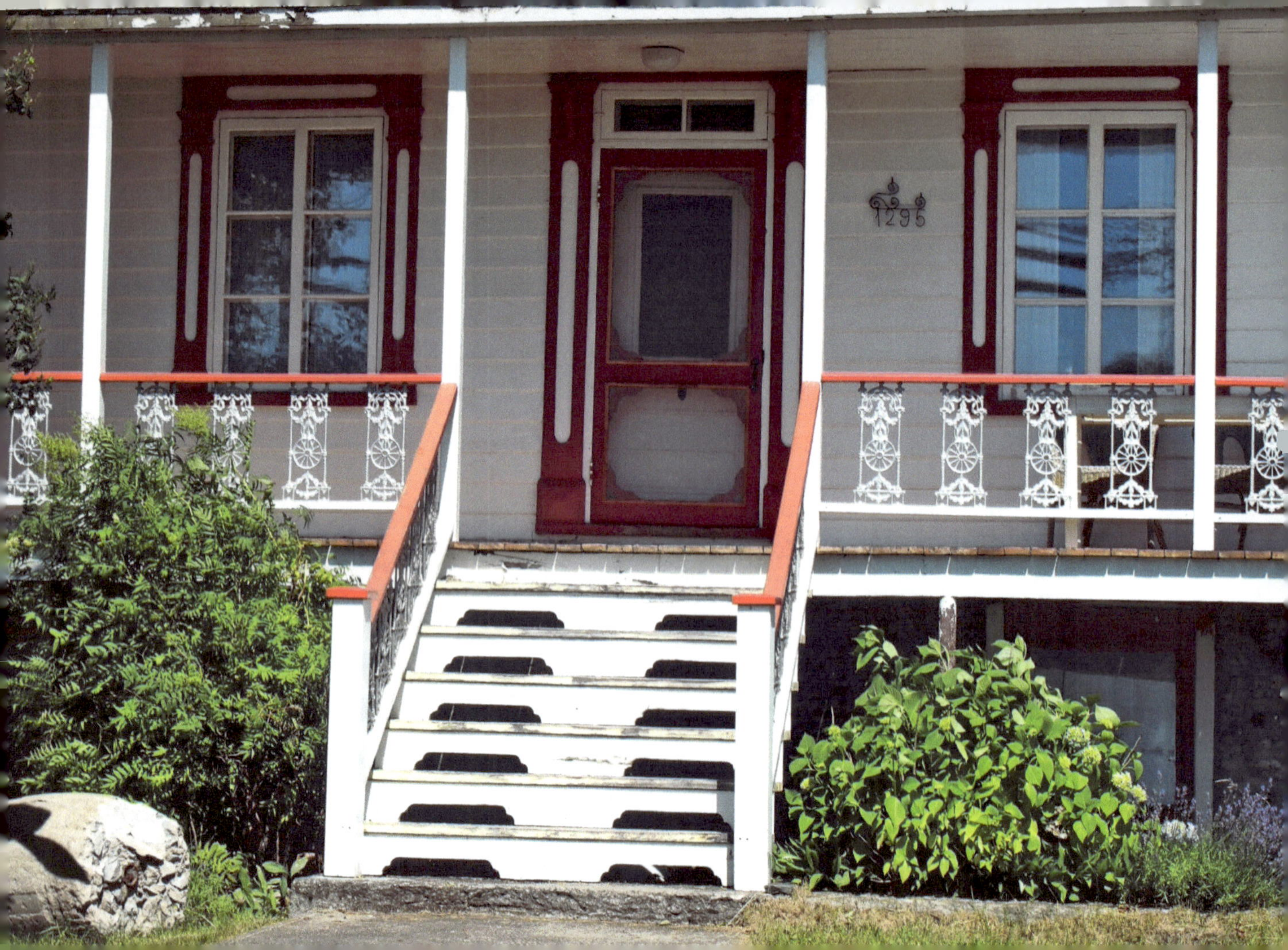
1295

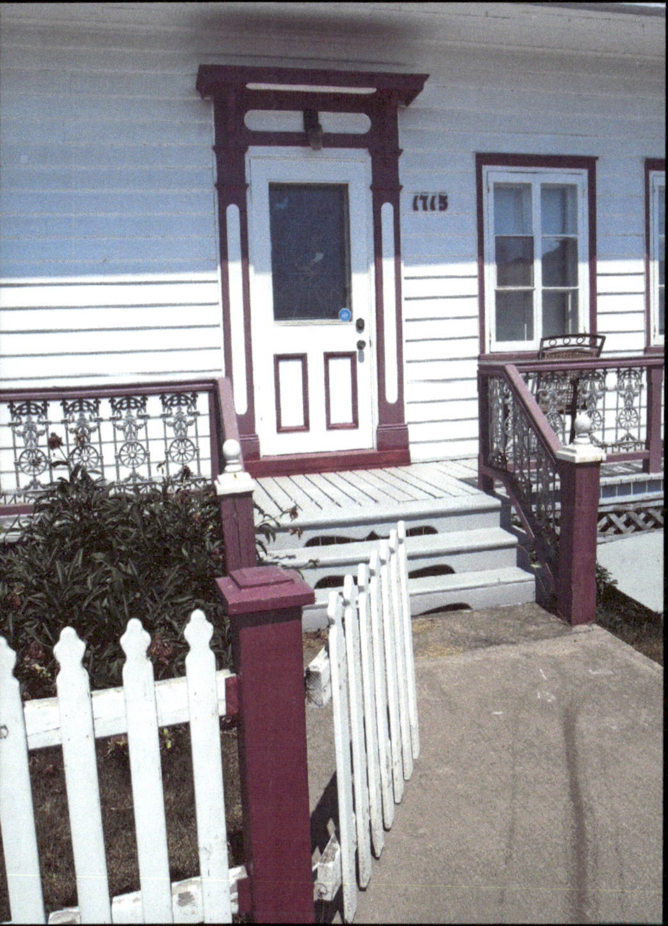

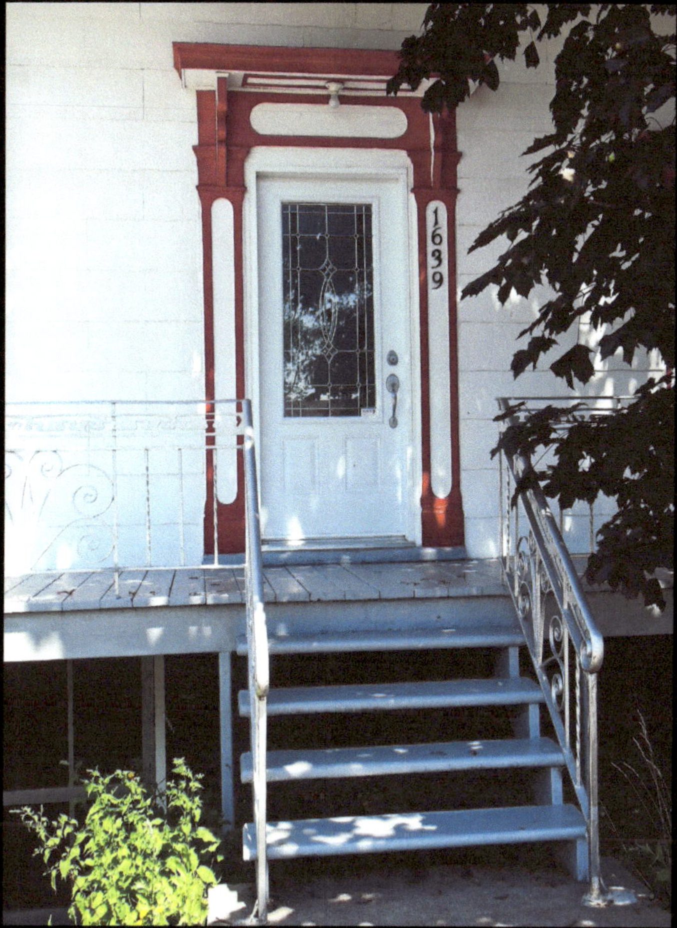

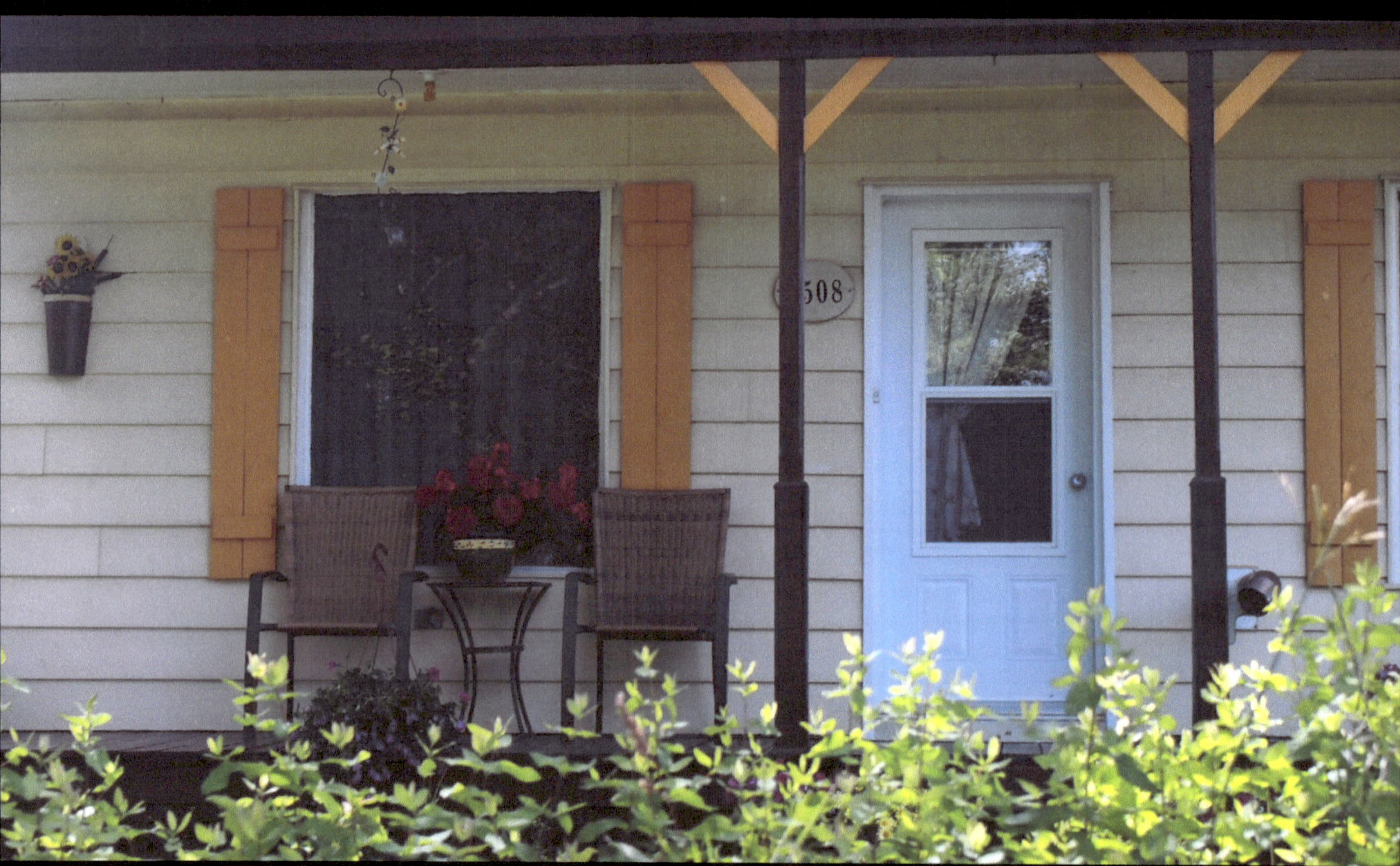
508

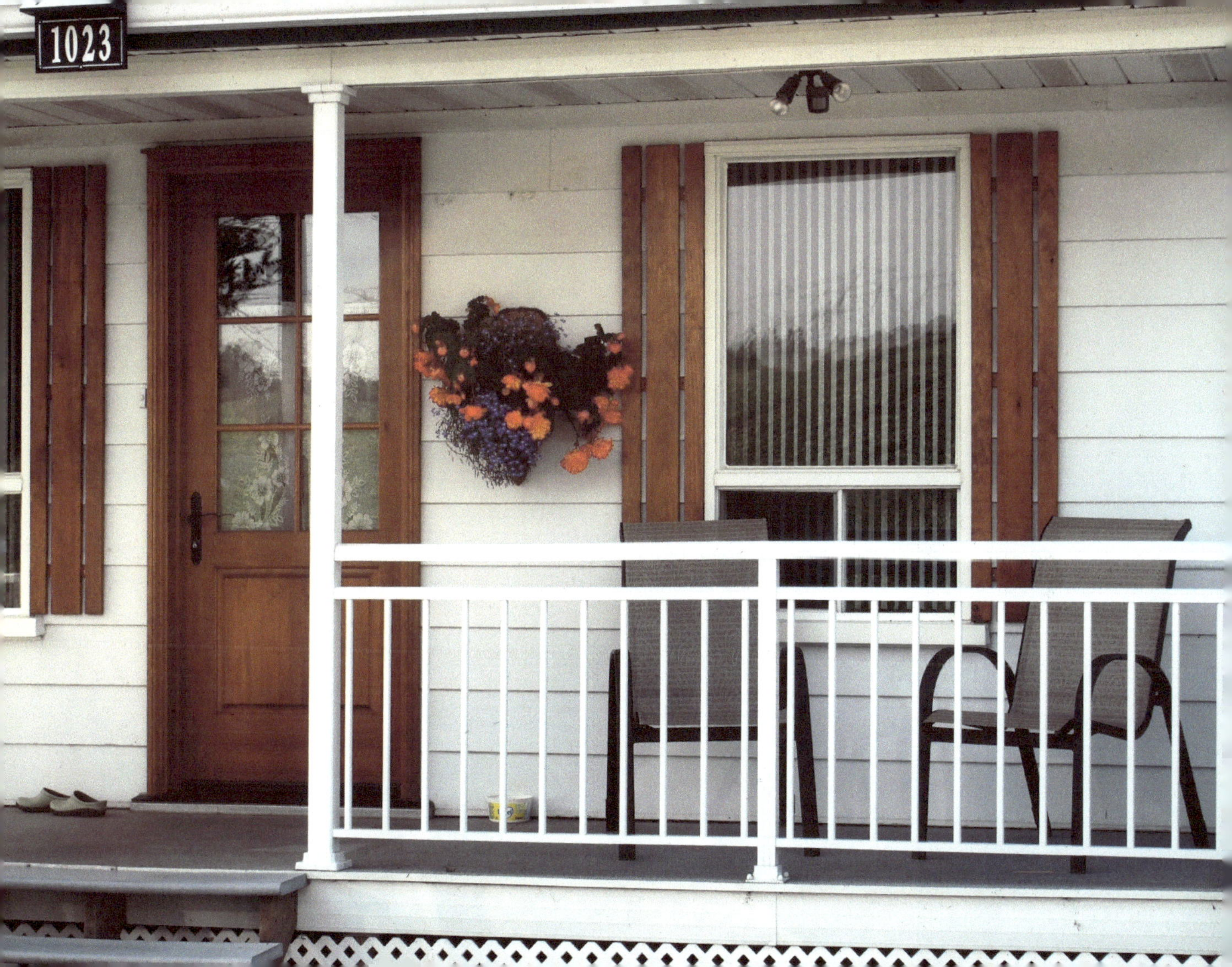
1023

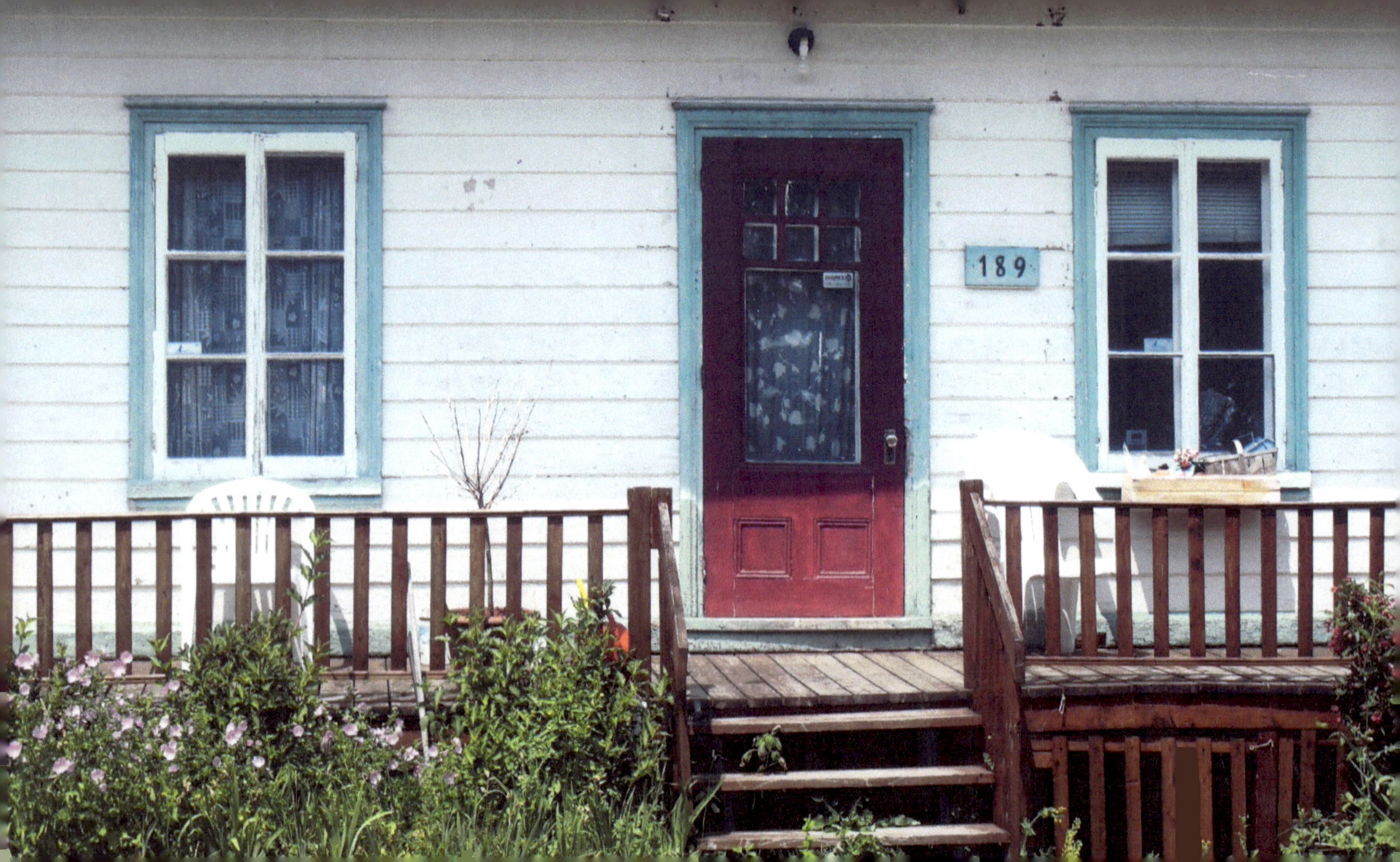
189

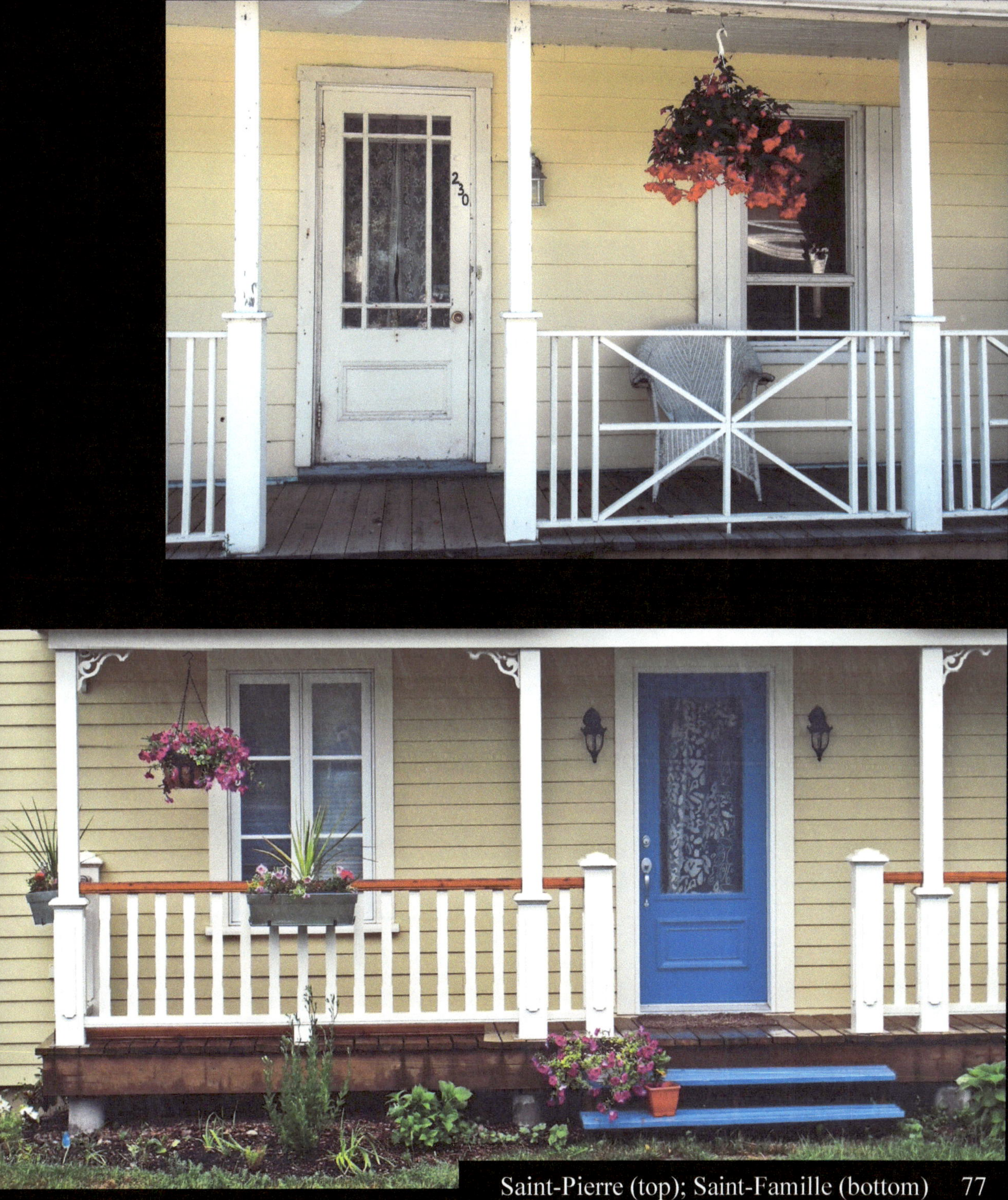

Saint-Pierre (top); Saint-Famille (bottom)

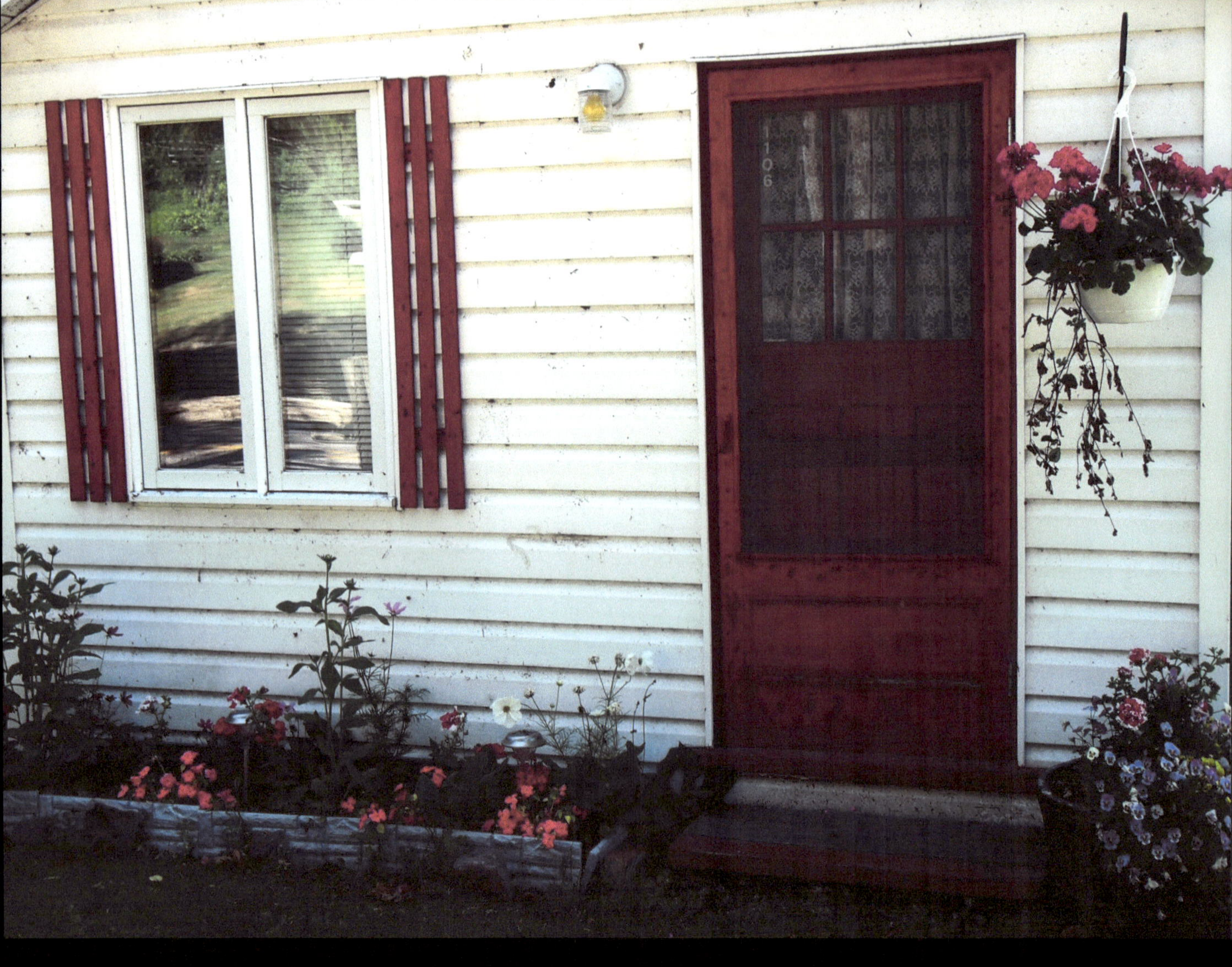
1106

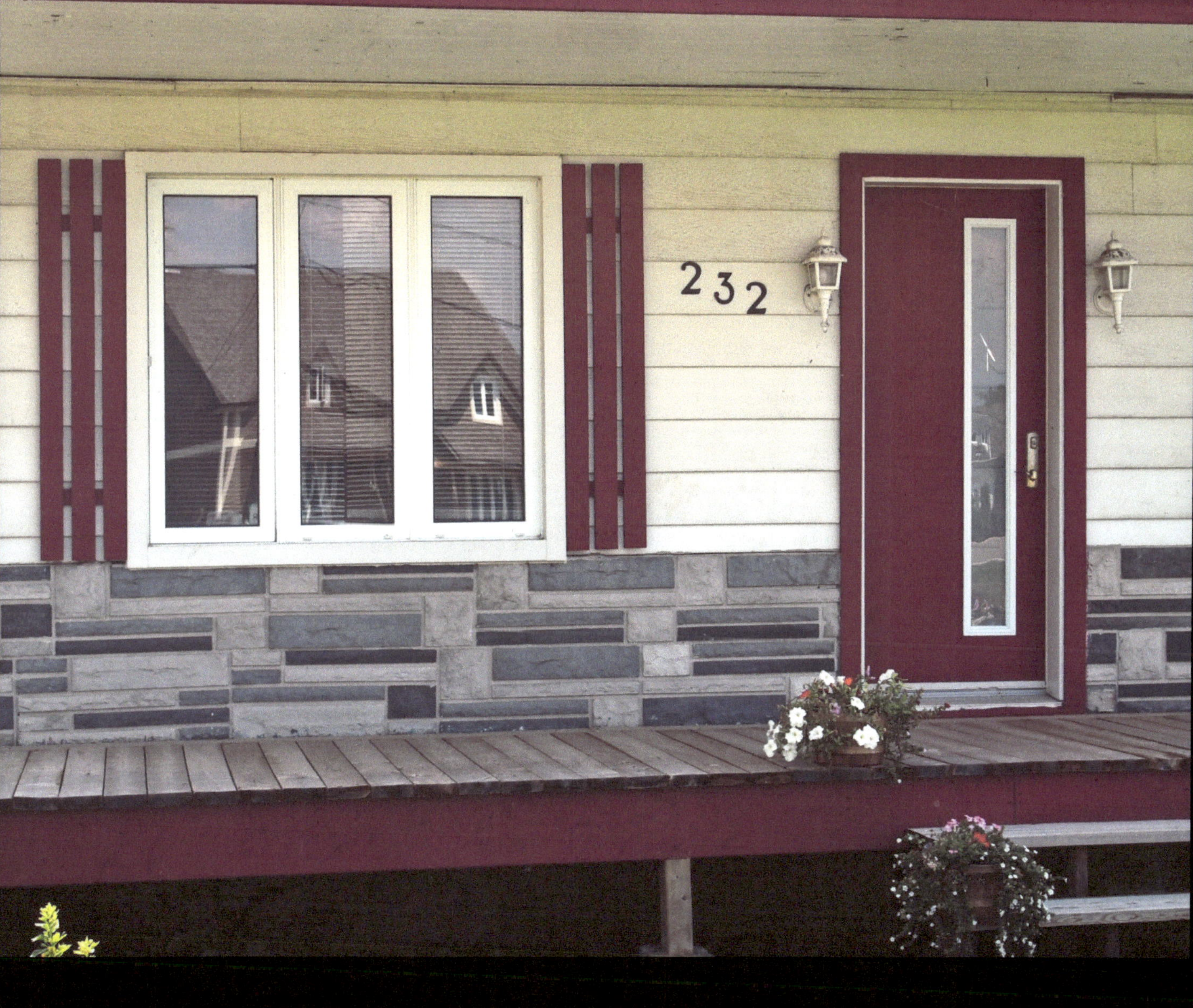
232

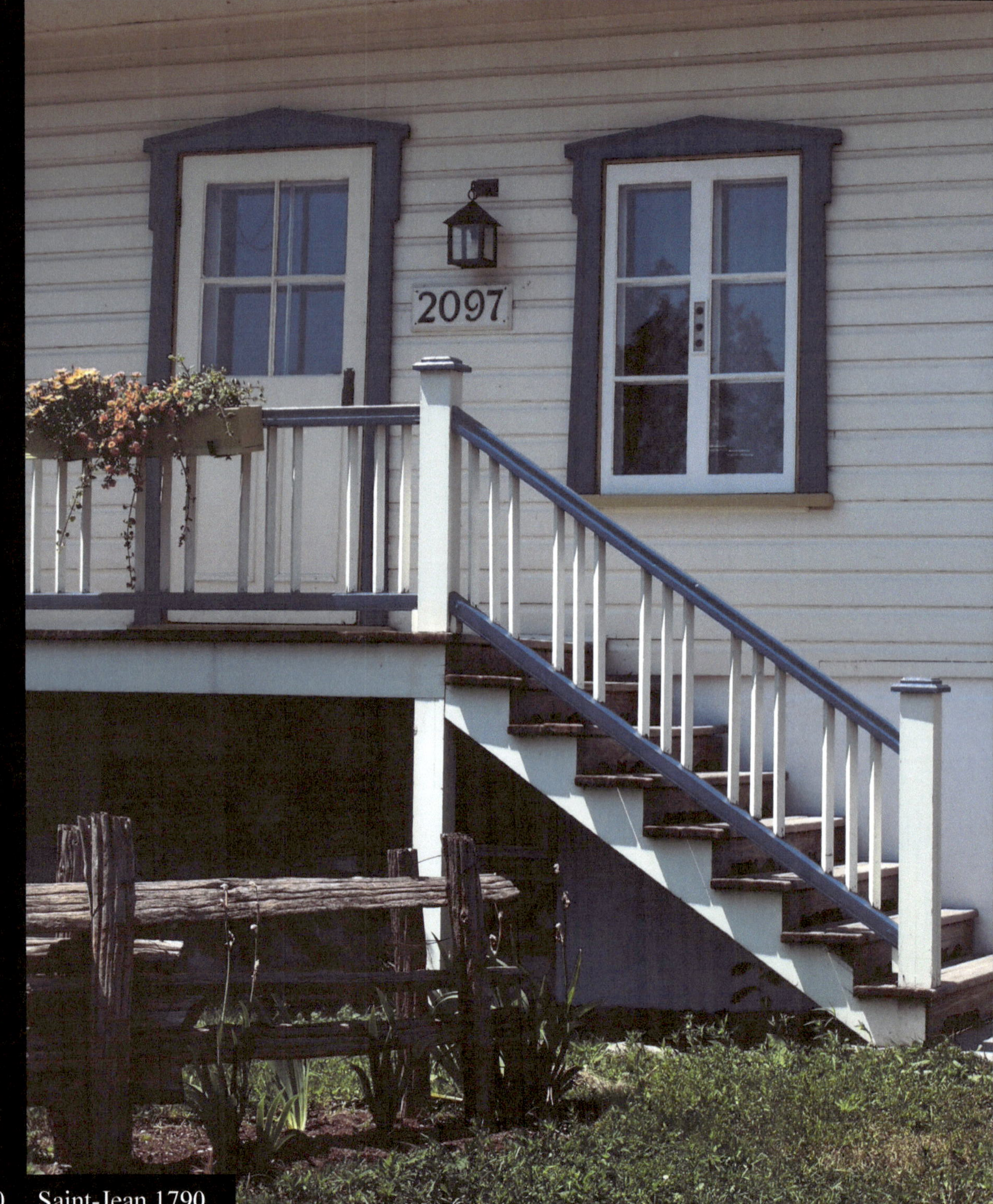
2097

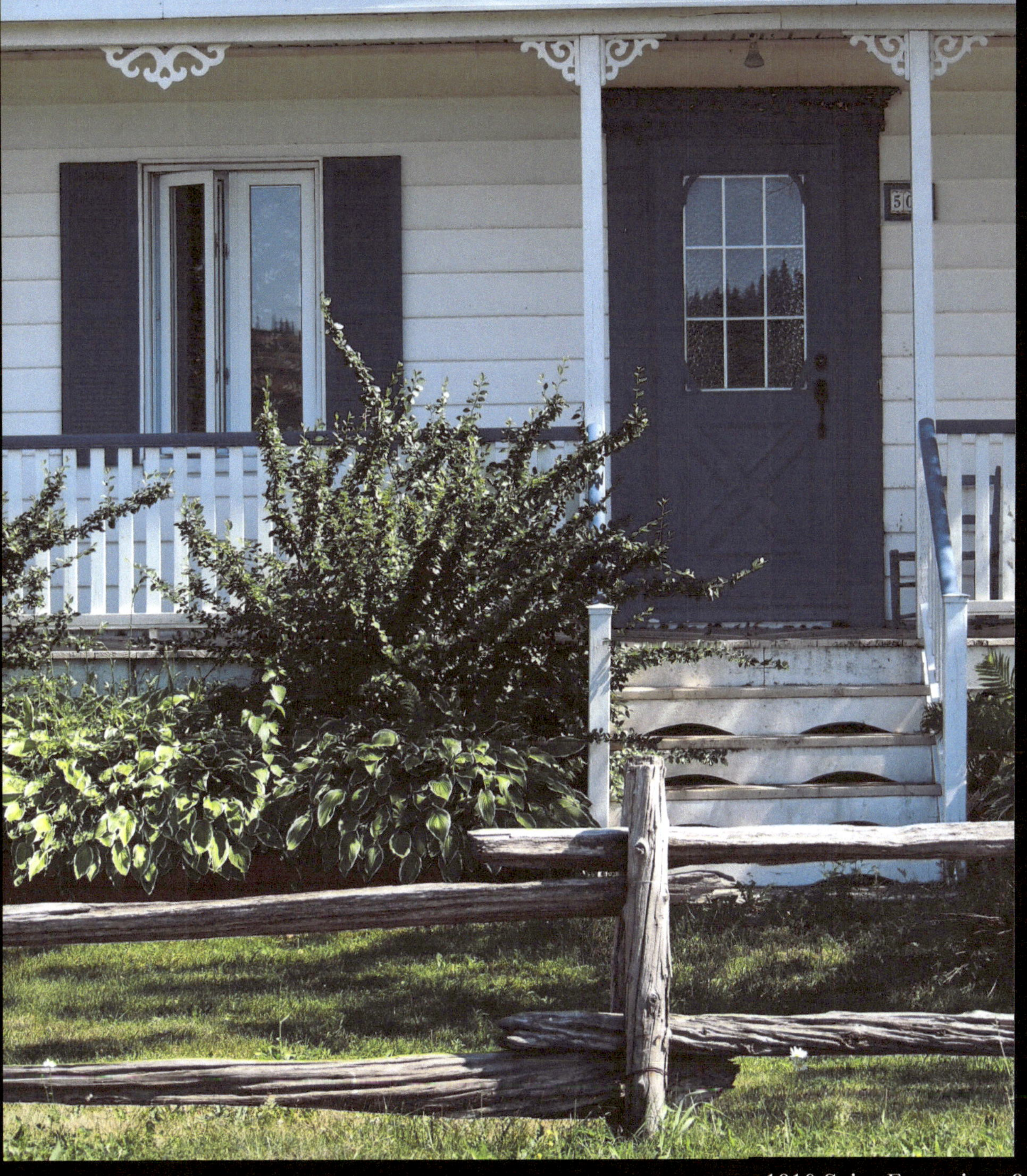

1910 Saint-François

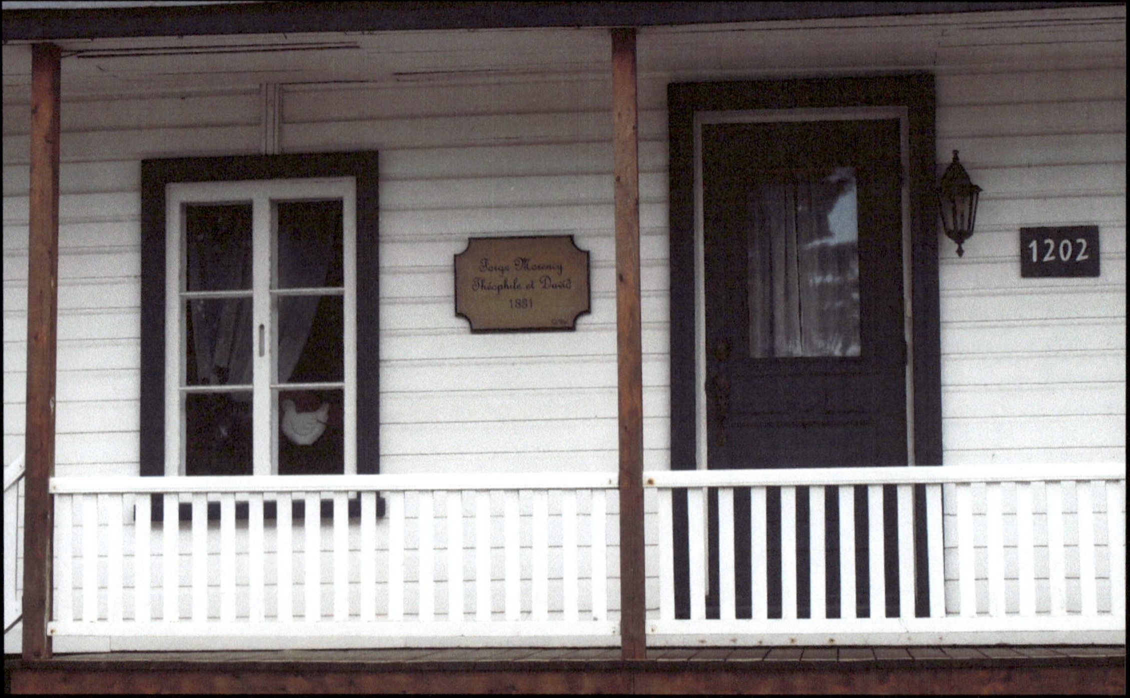

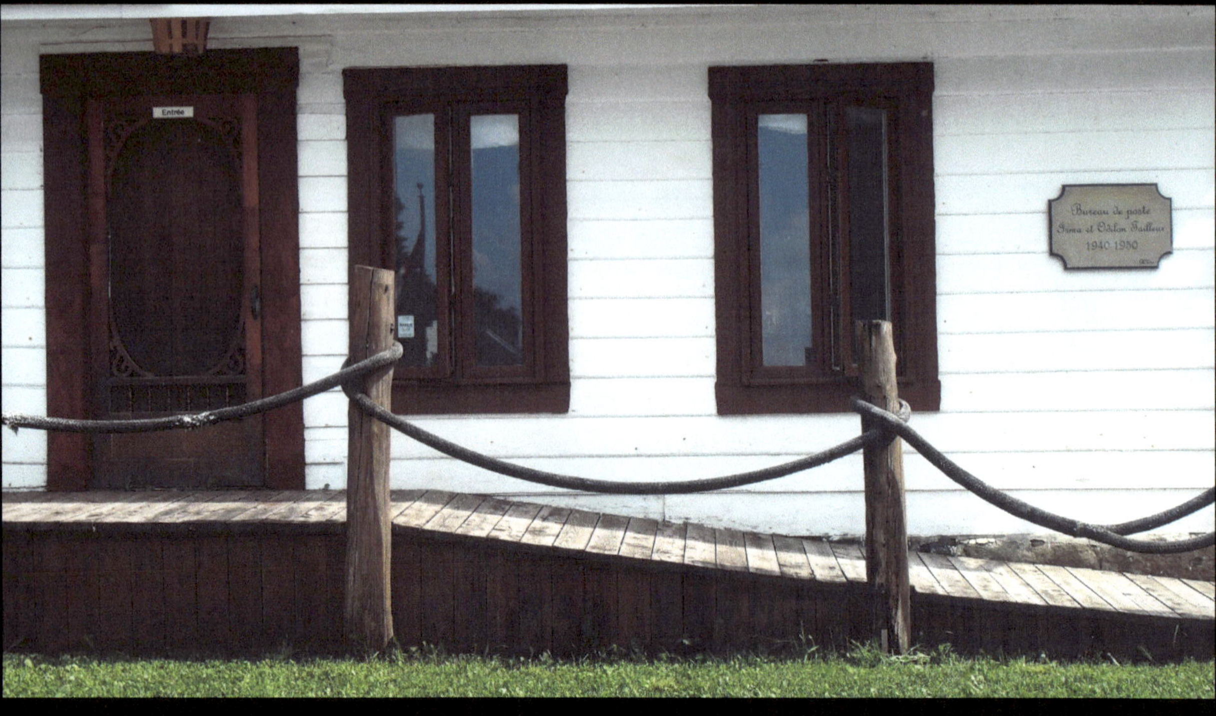

Saint-Pierre (top) 1689; Saint-Pierre (bottom) 1789

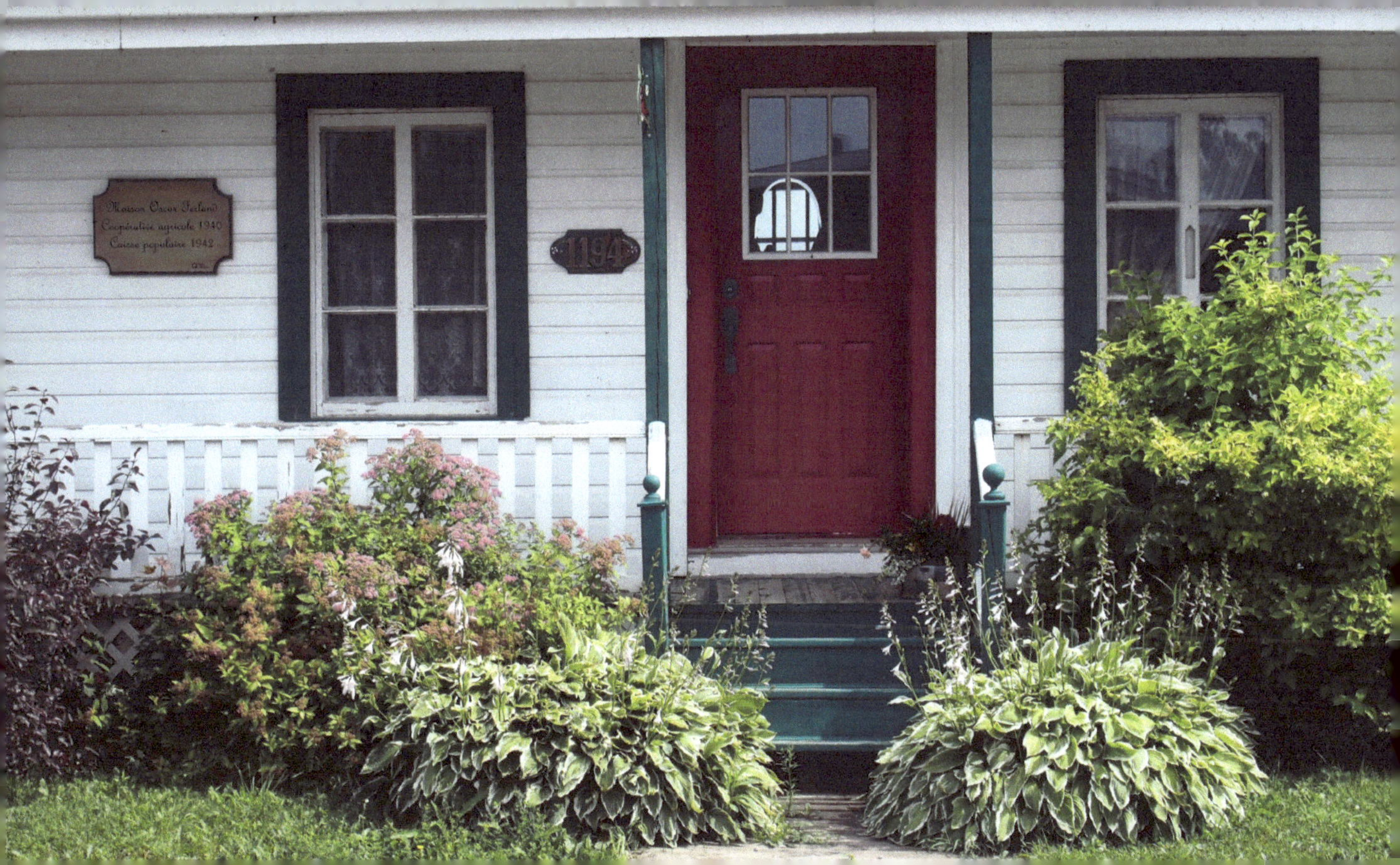
Coopérative agricole 1940
Caisse populaire 1942
1194

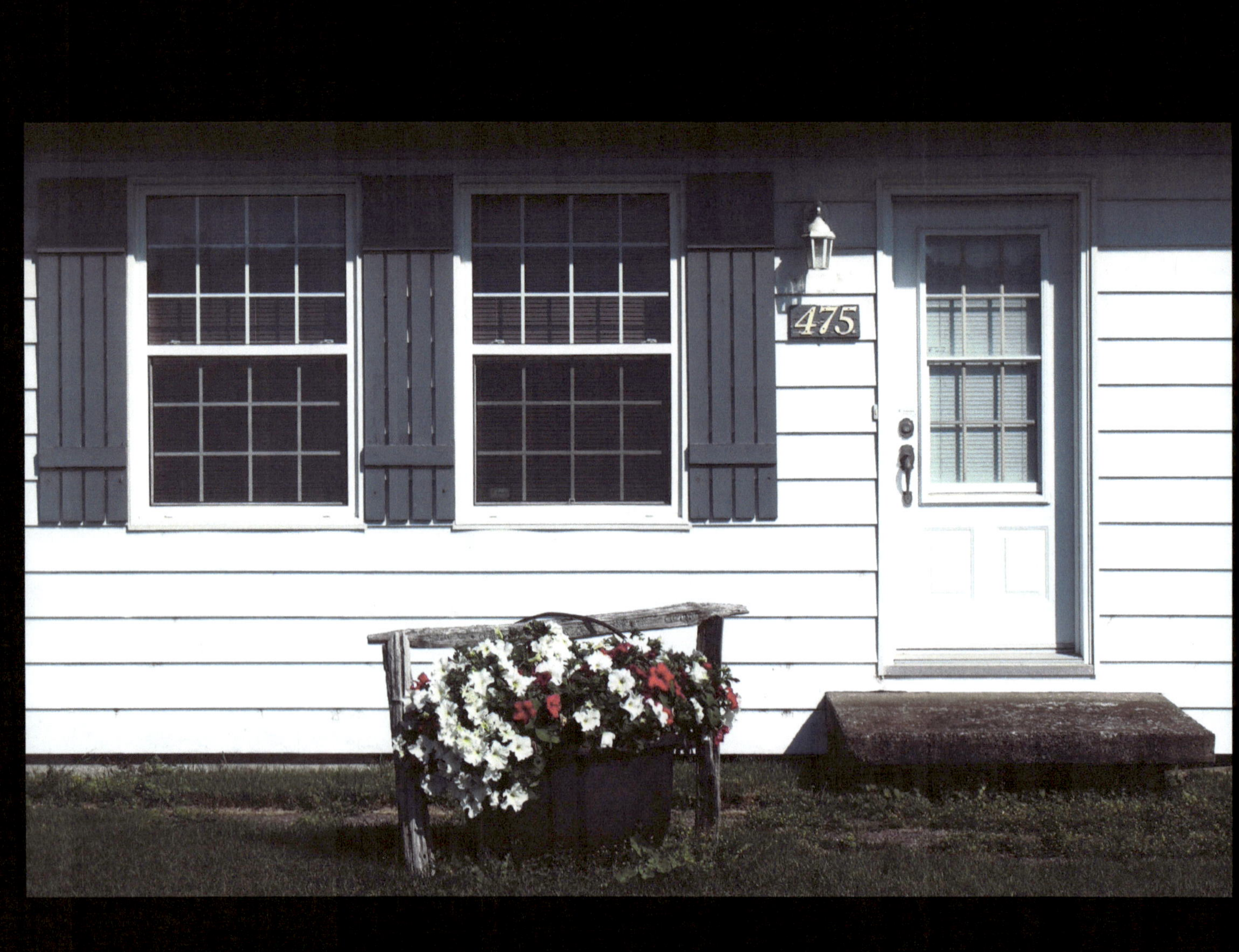
475

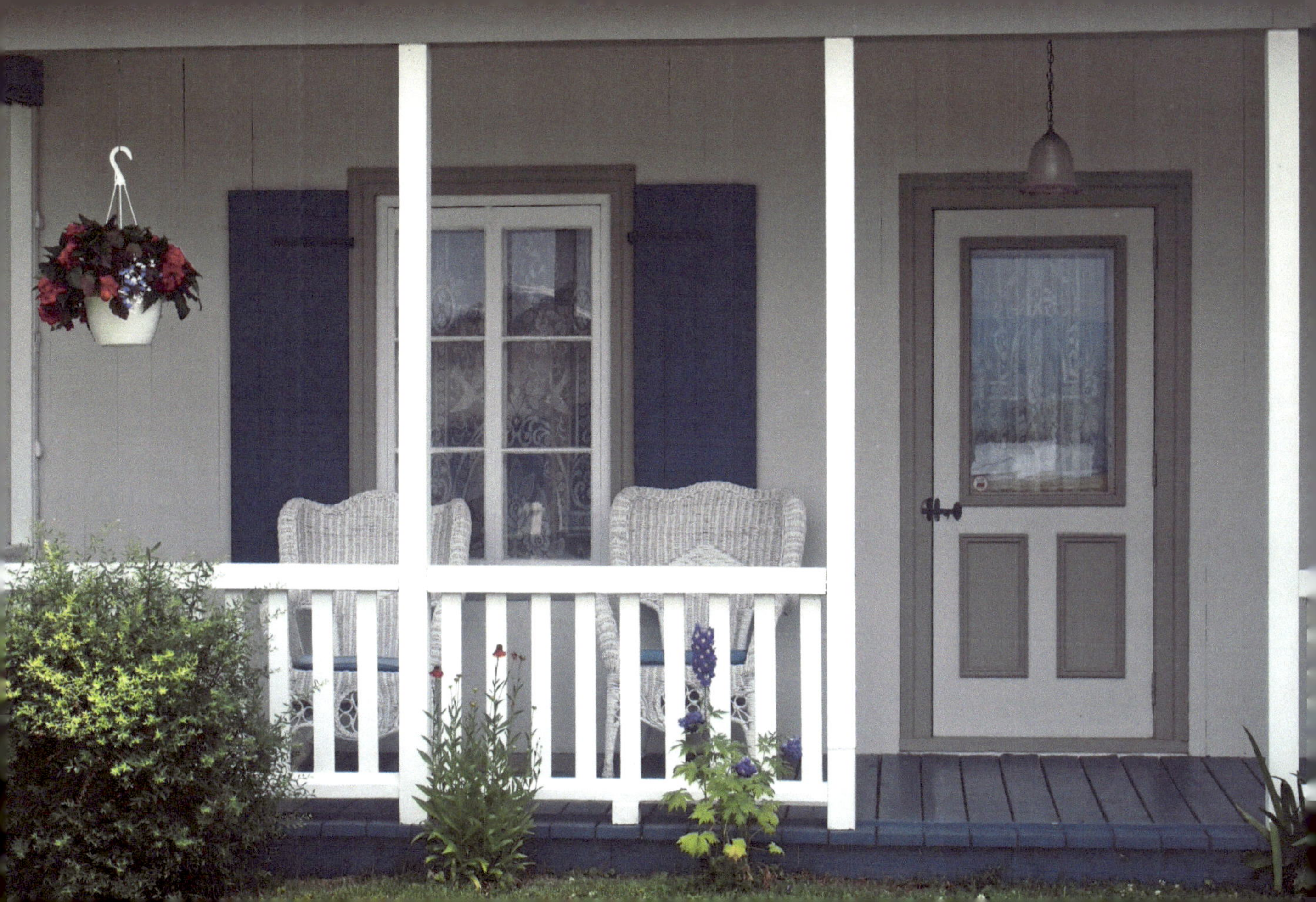

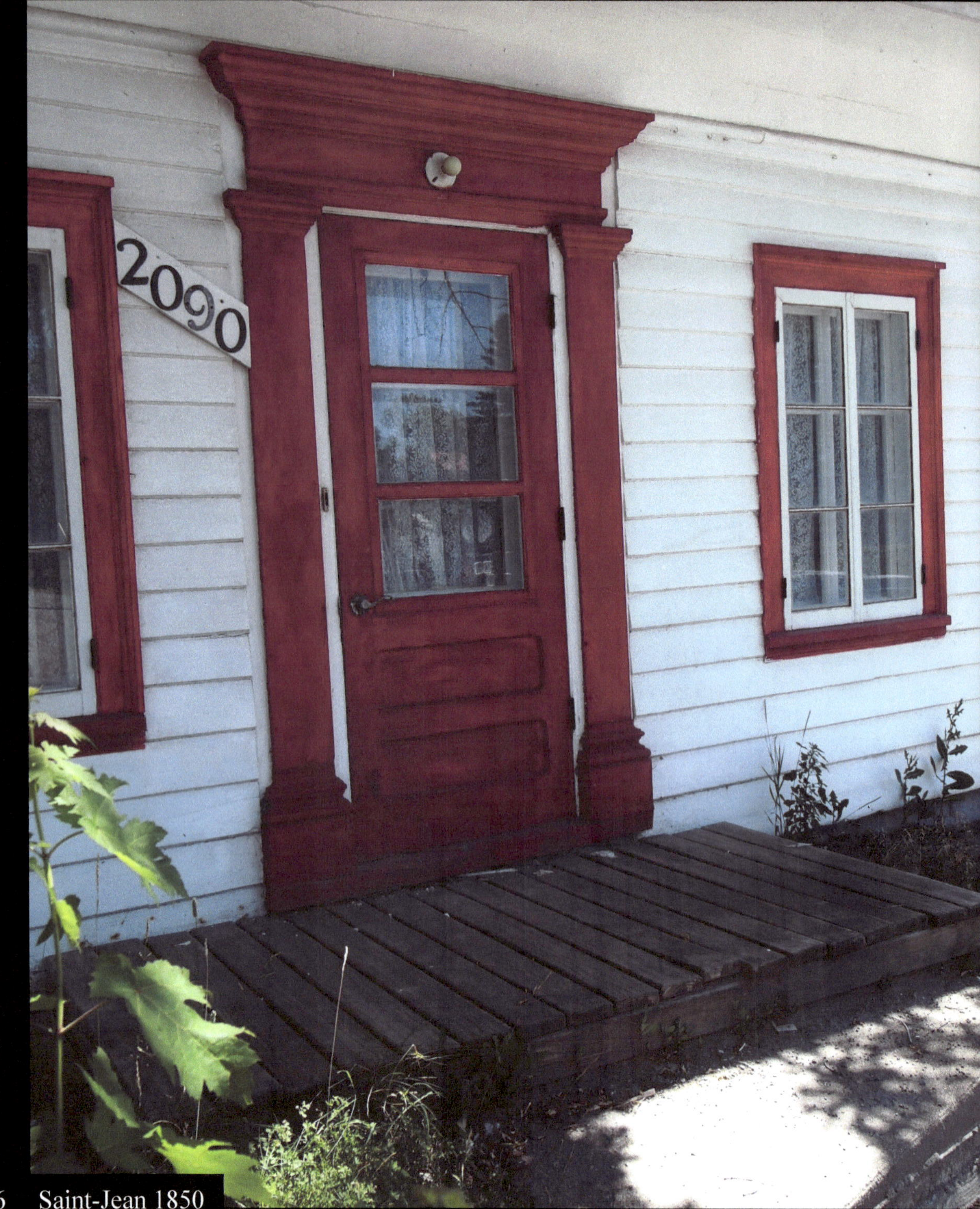
2090

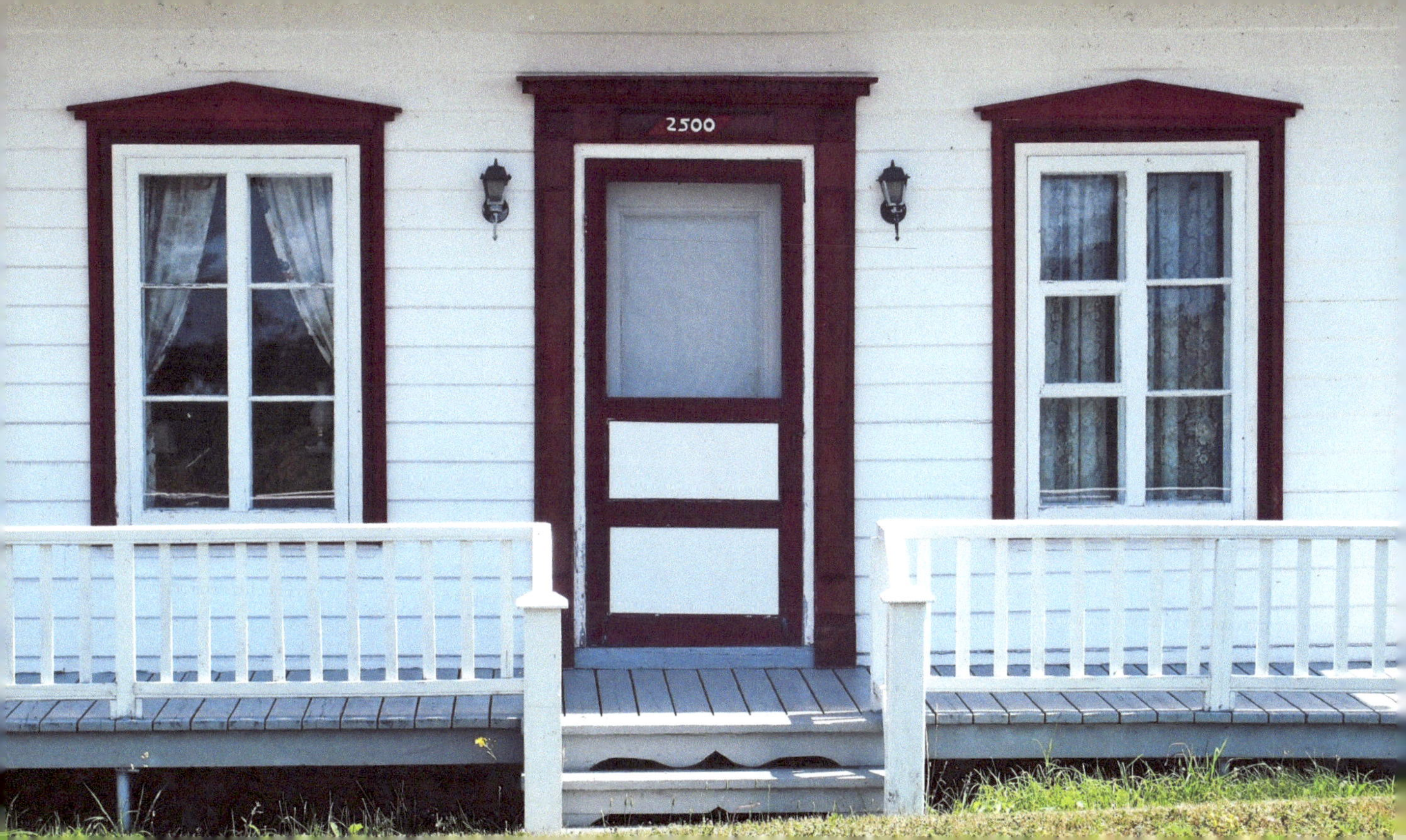
2500

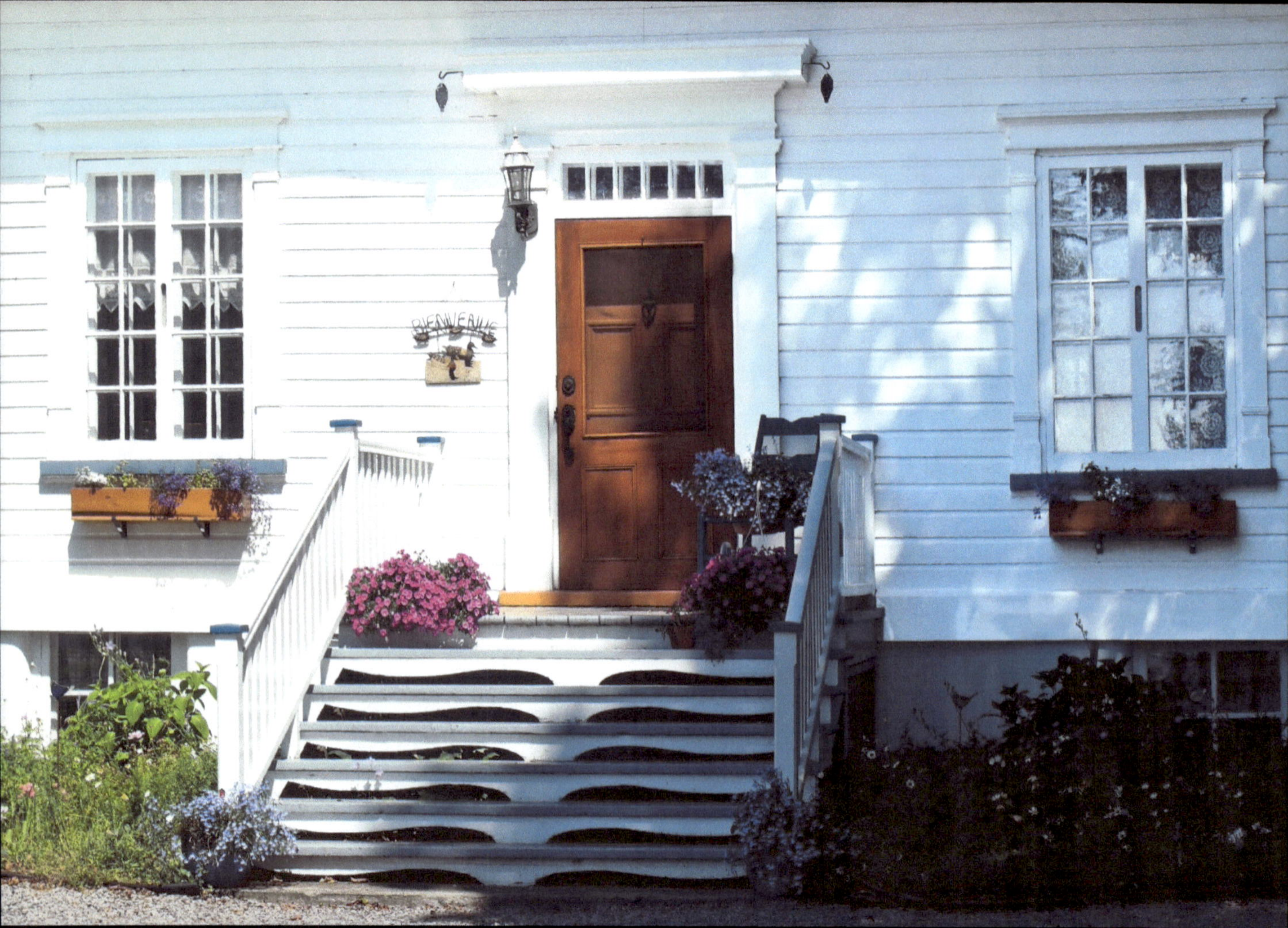
BIENVENUE

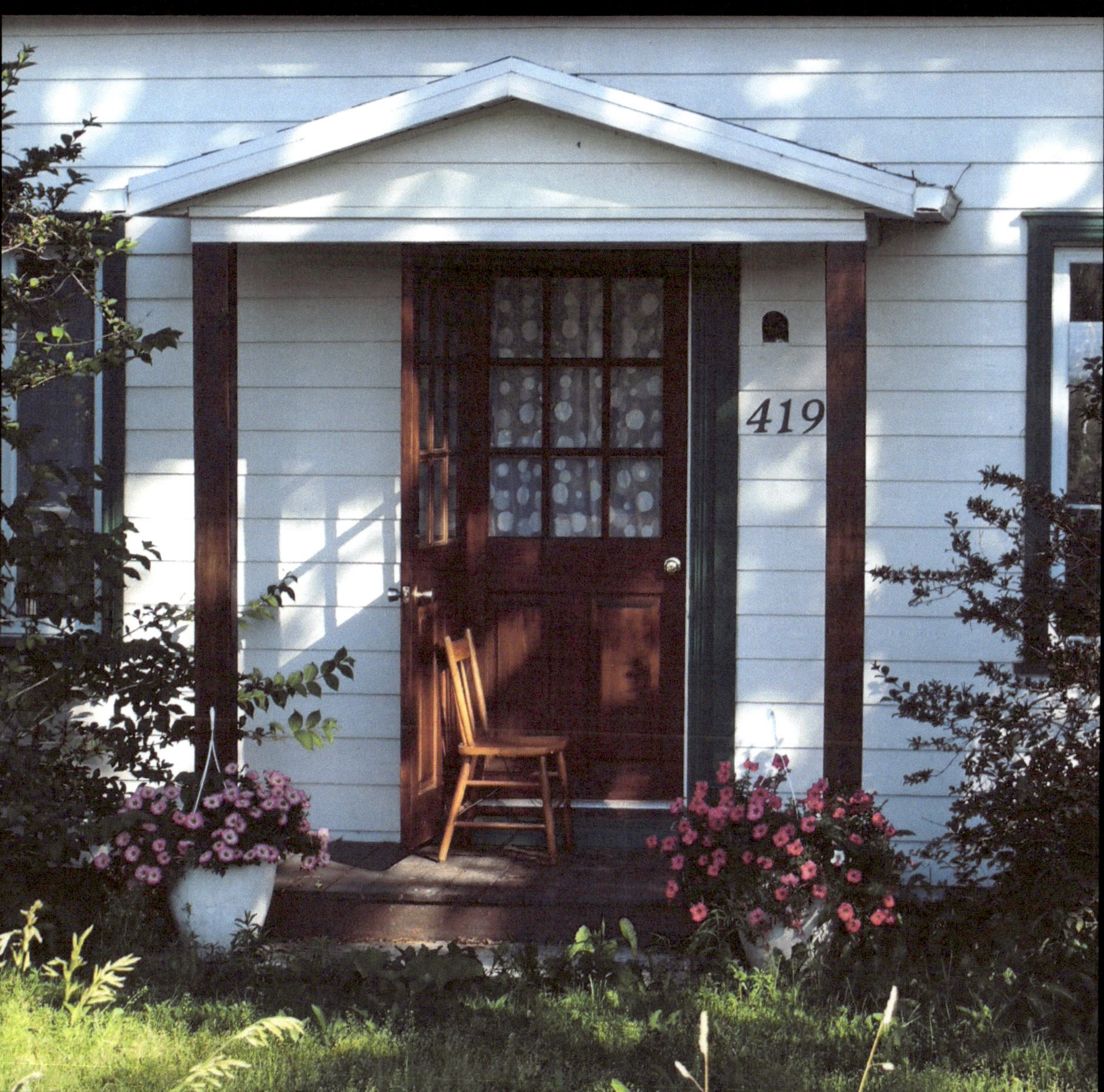
419

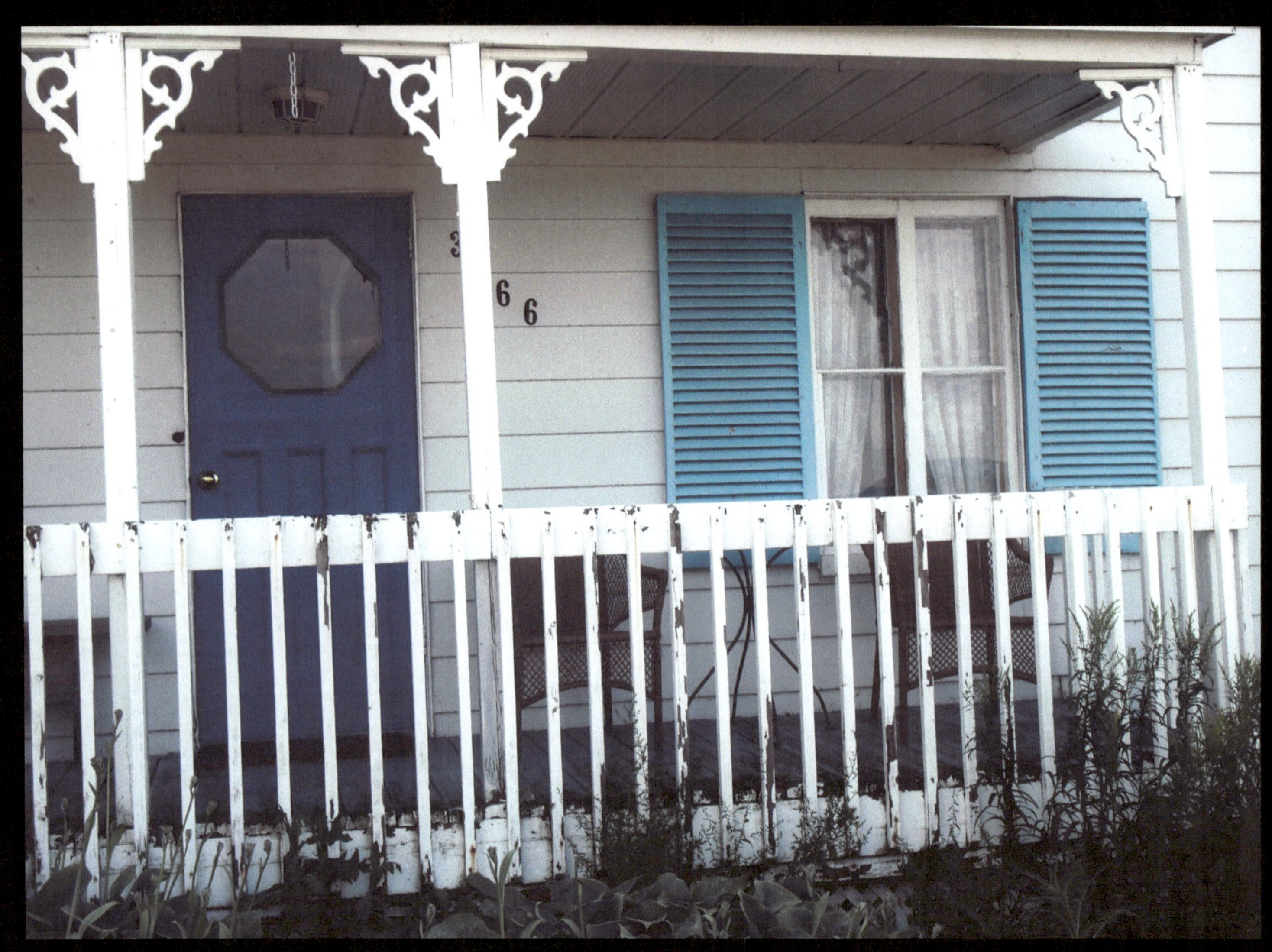
366

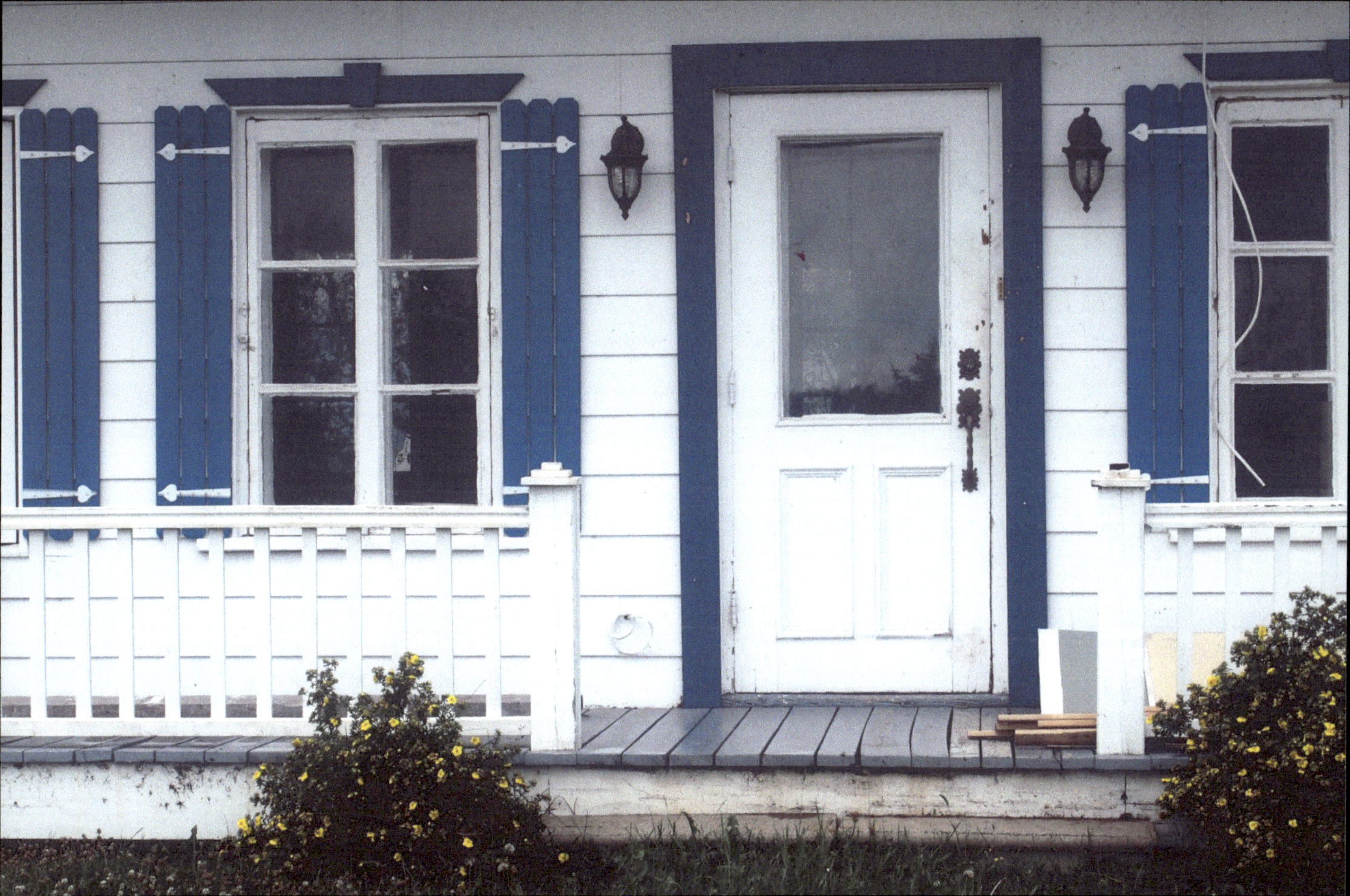

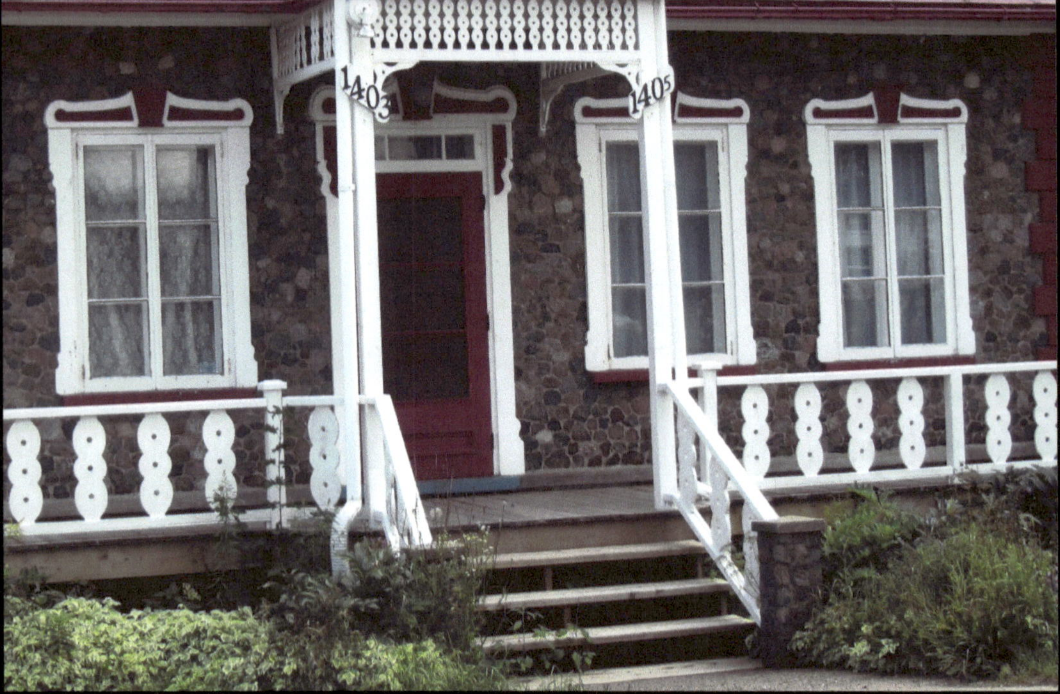

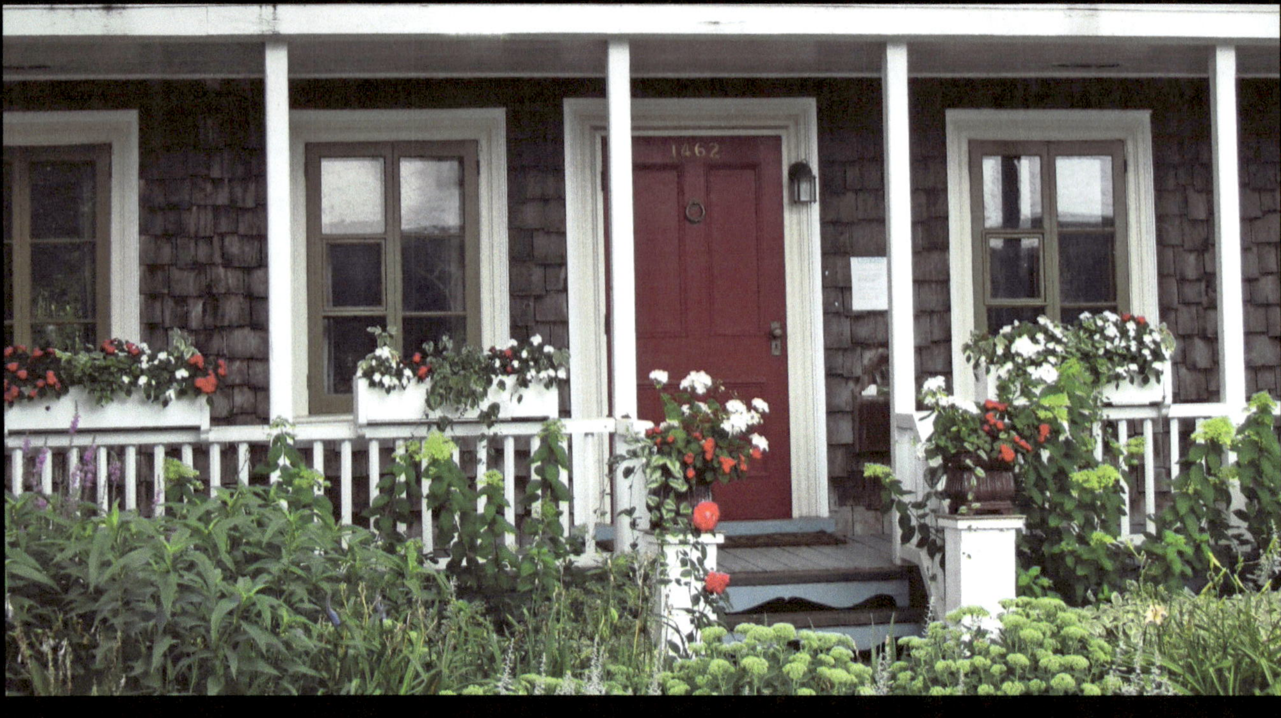

Saint-Laurent (top) 1897; Saint-Laurent (bottom) 1810

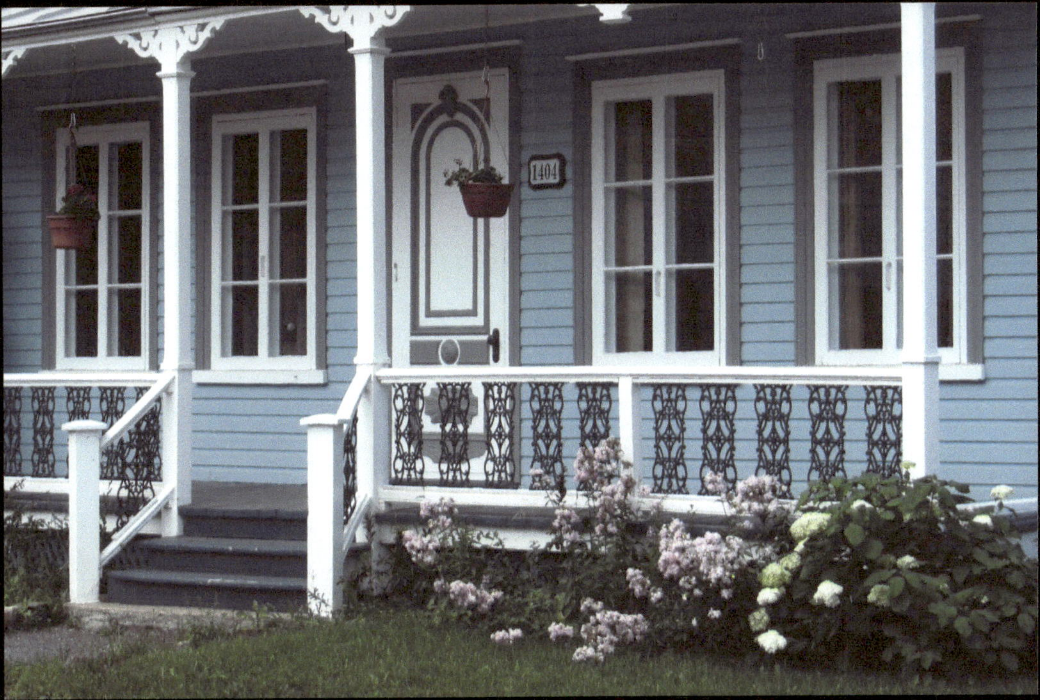

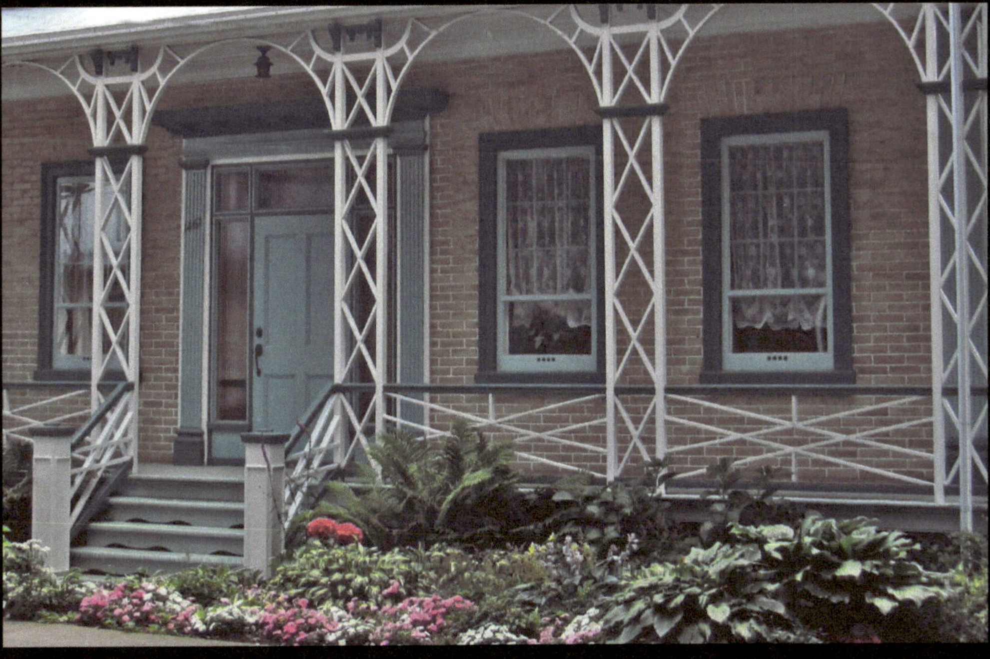

1915 Saint-Laurent (top); 1860 Saint-Laurent (bottom)

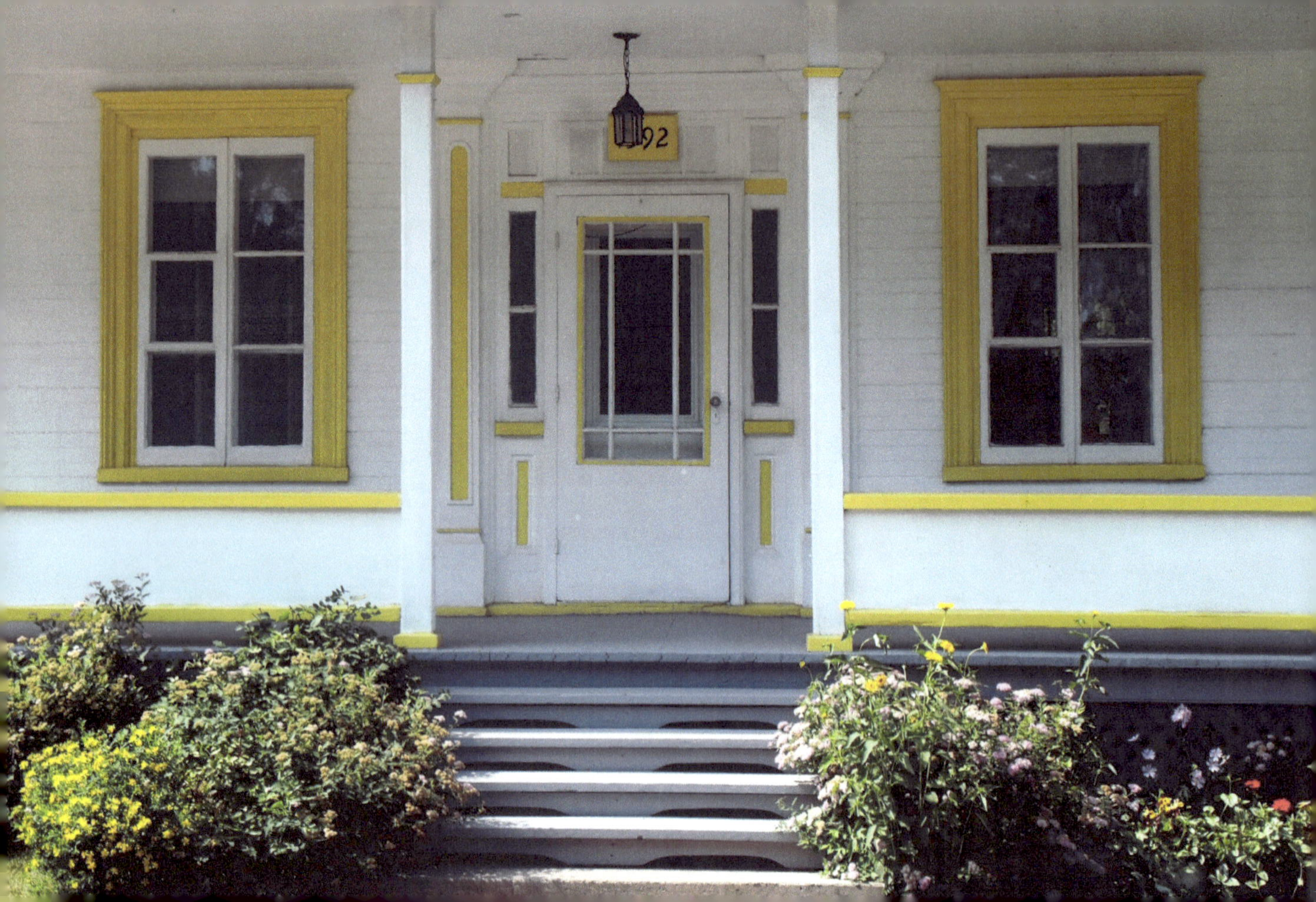
92

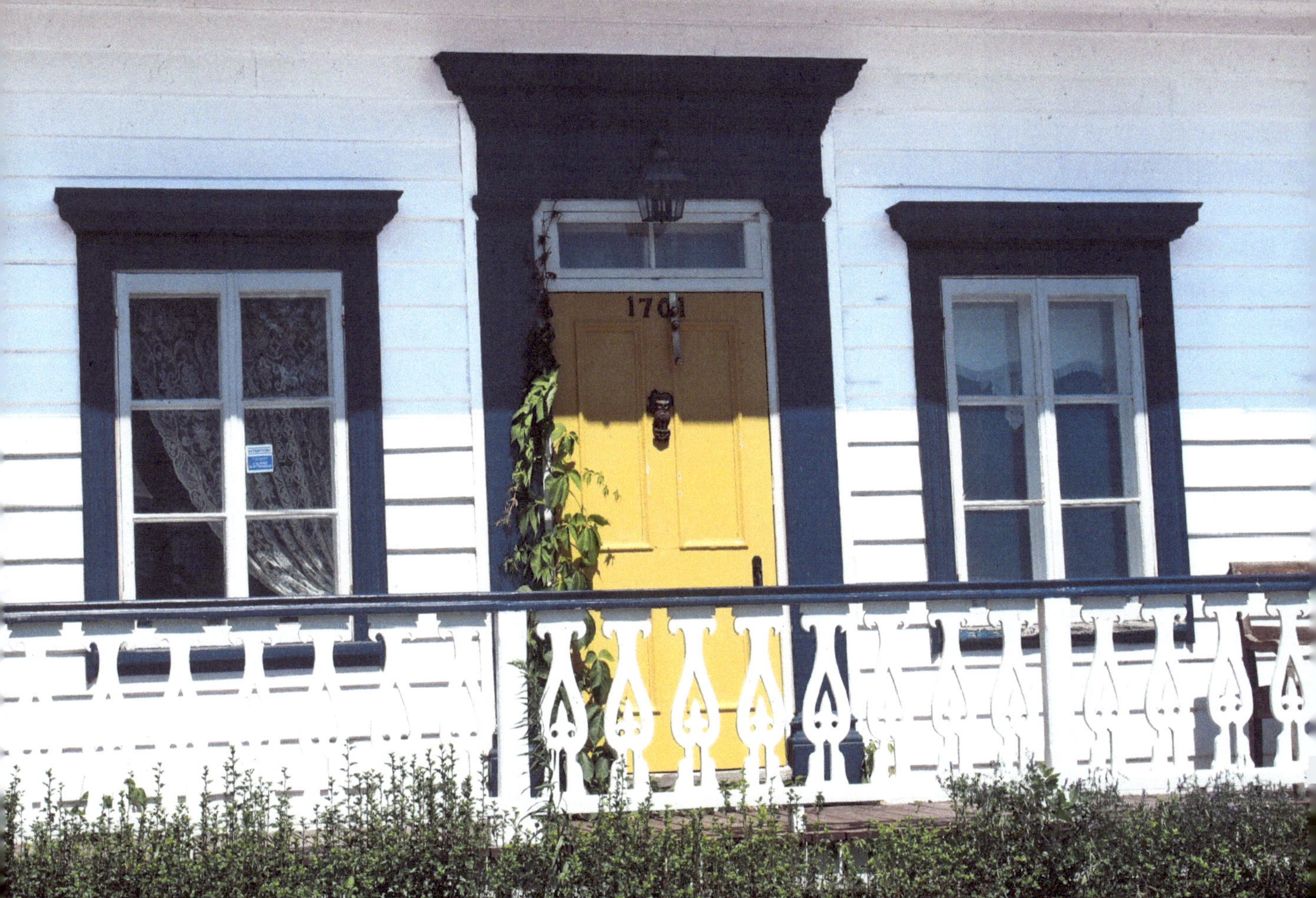
1701

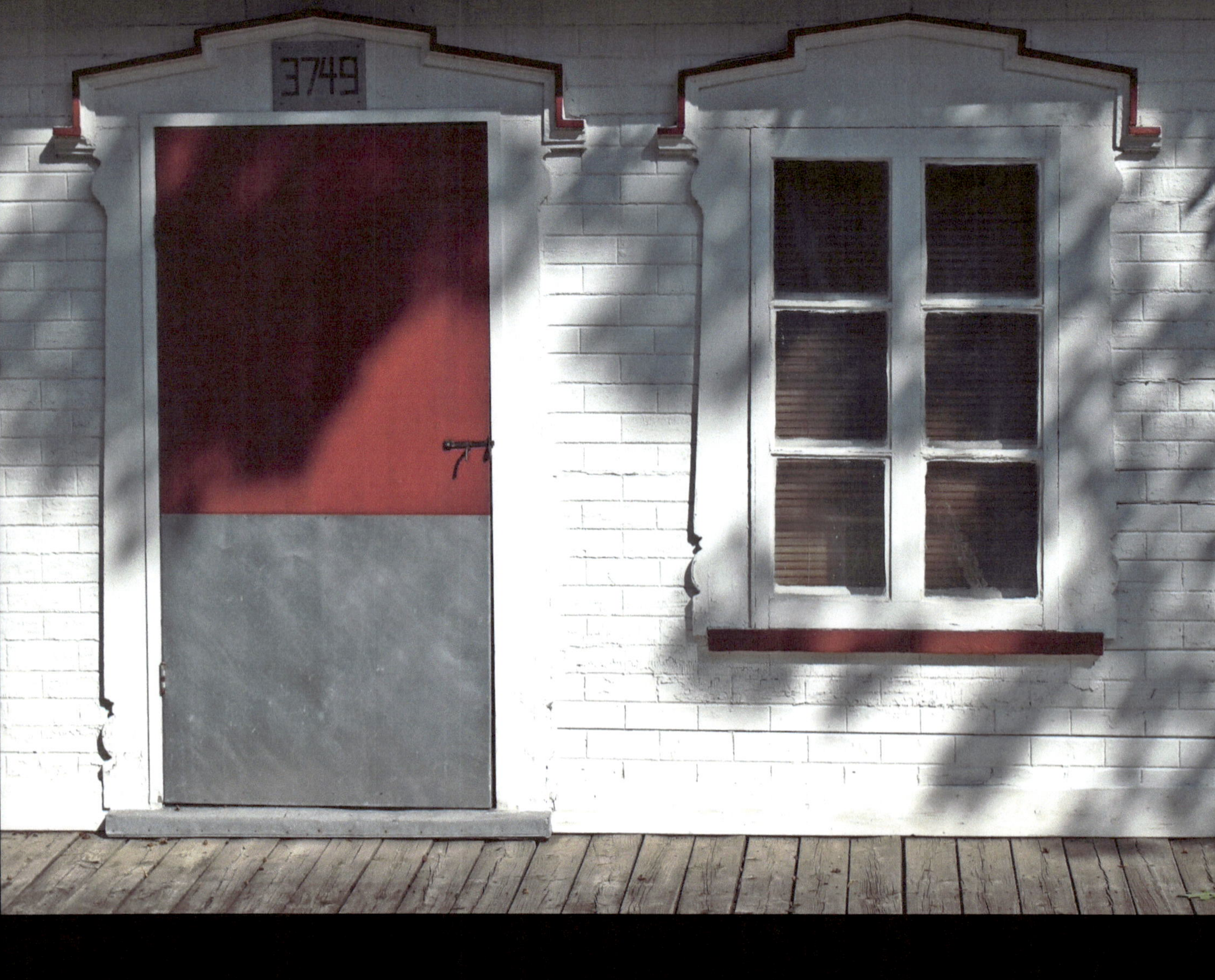

Sainte-Famille 1892

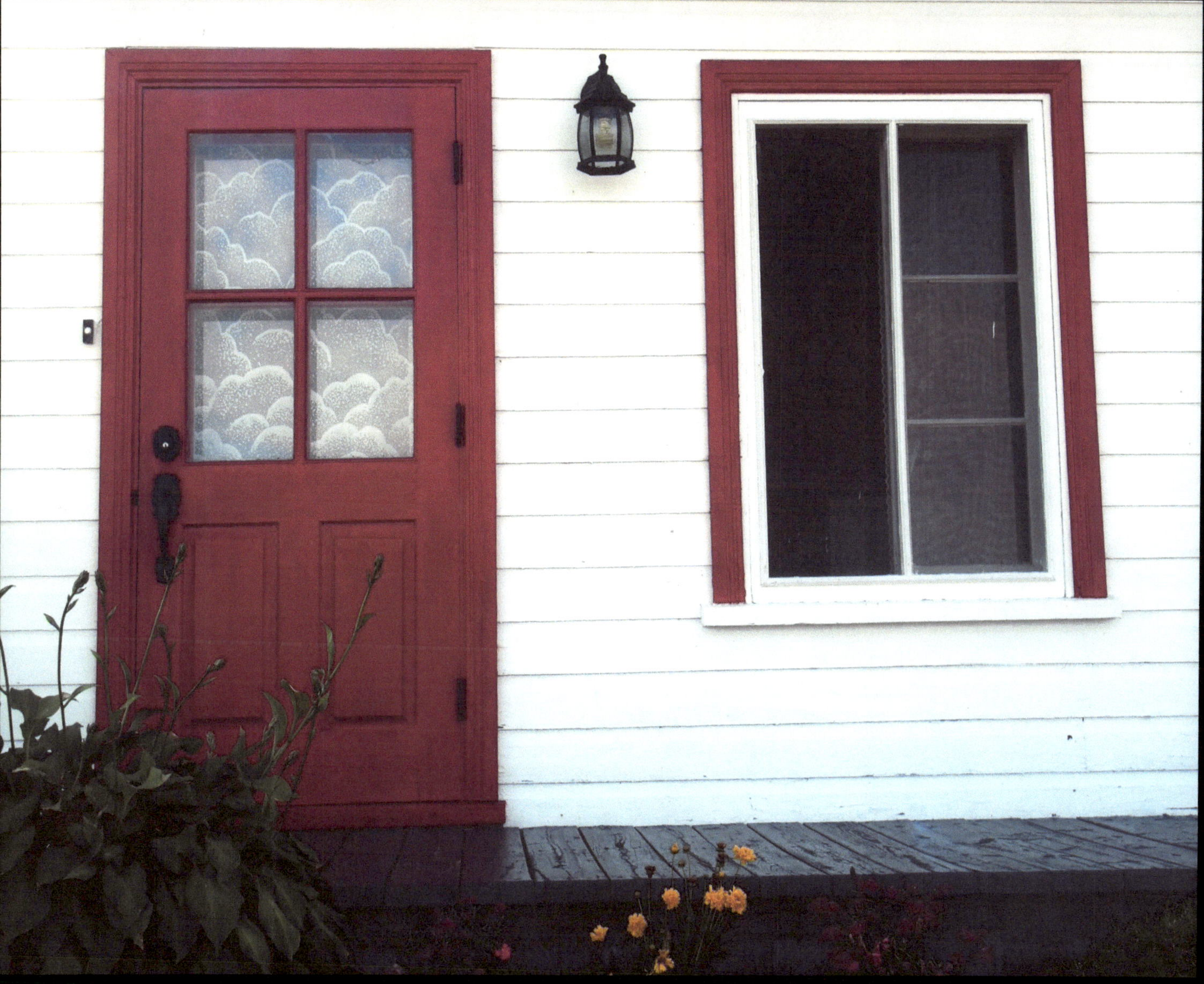

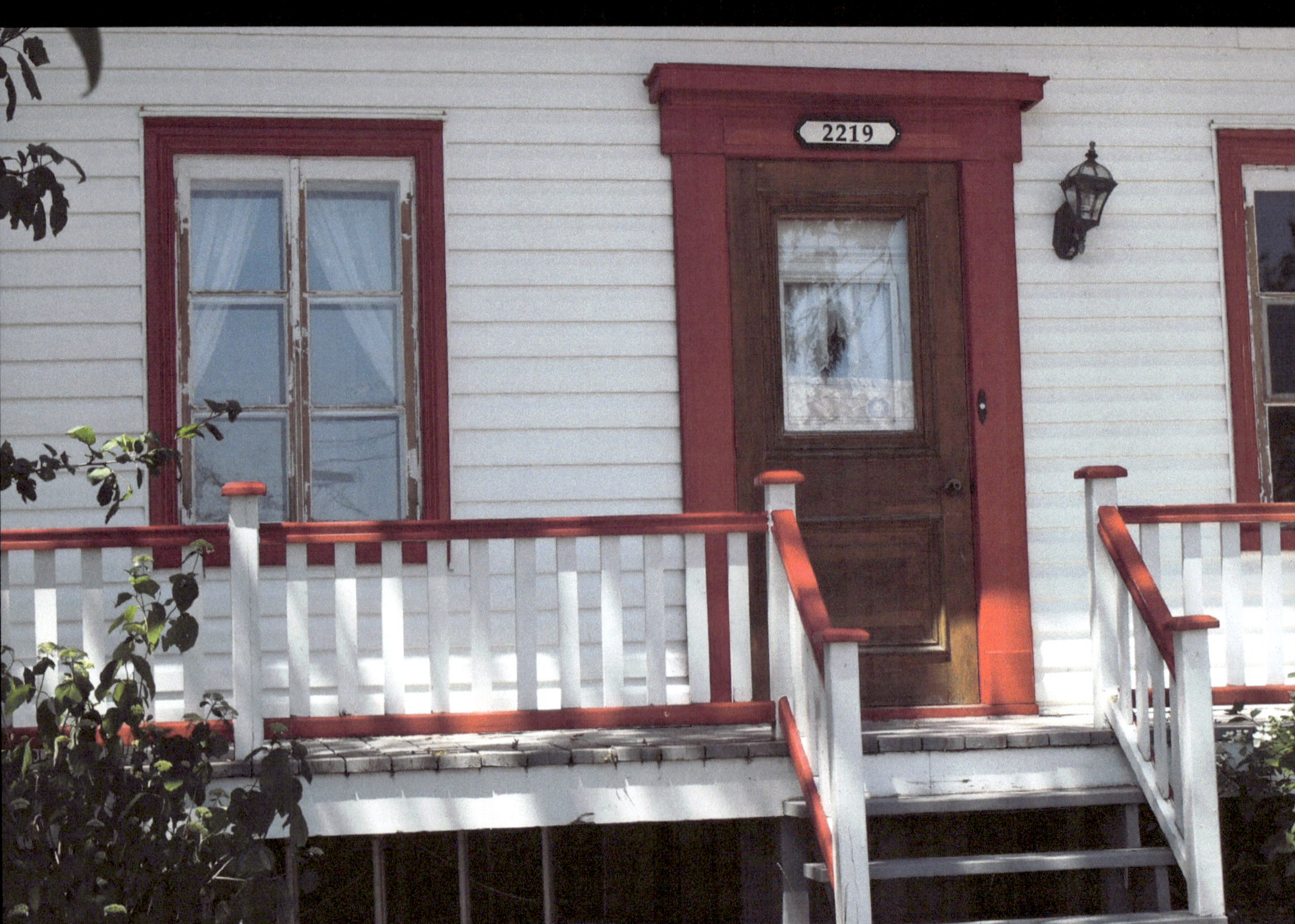
2219

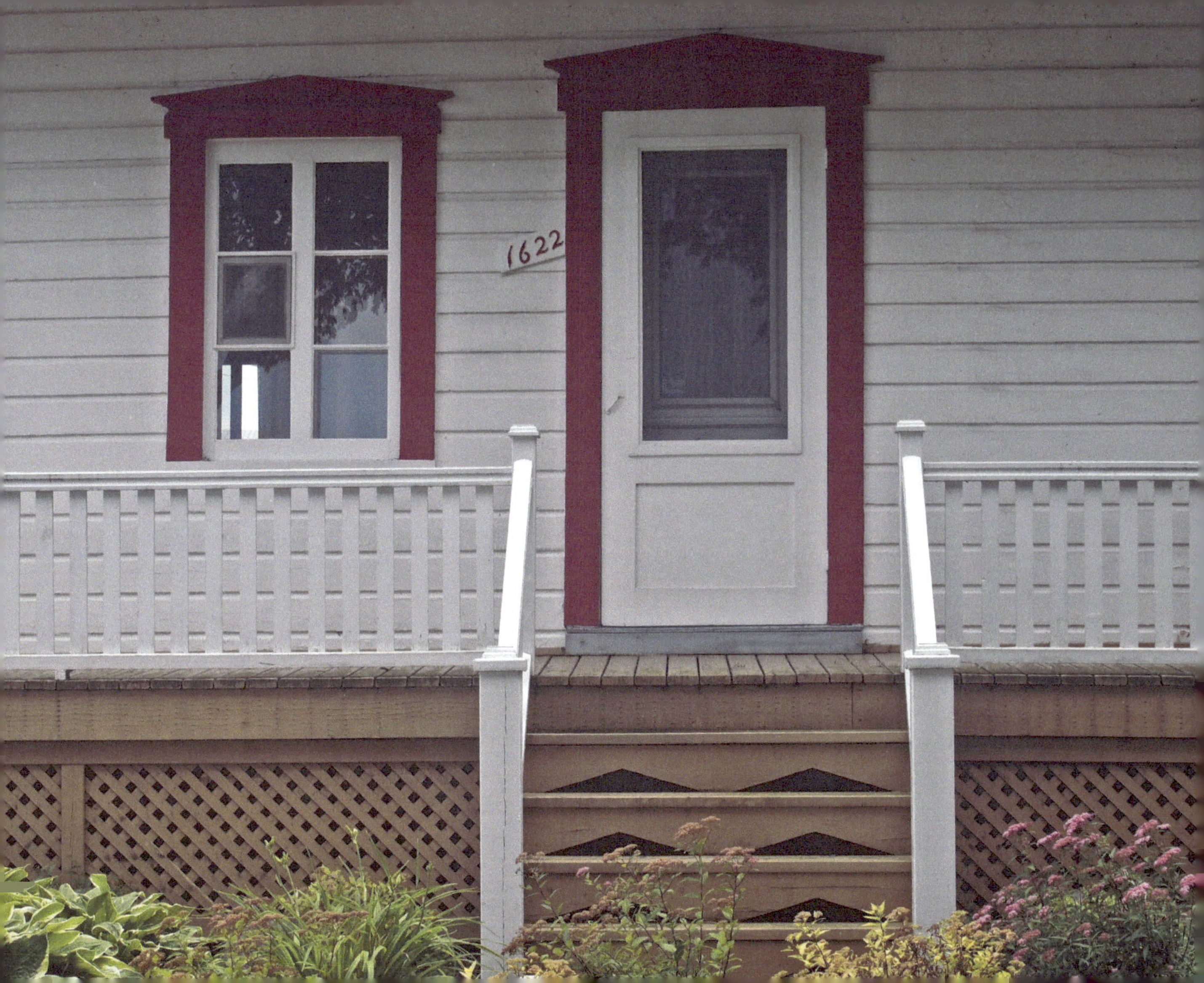
1622

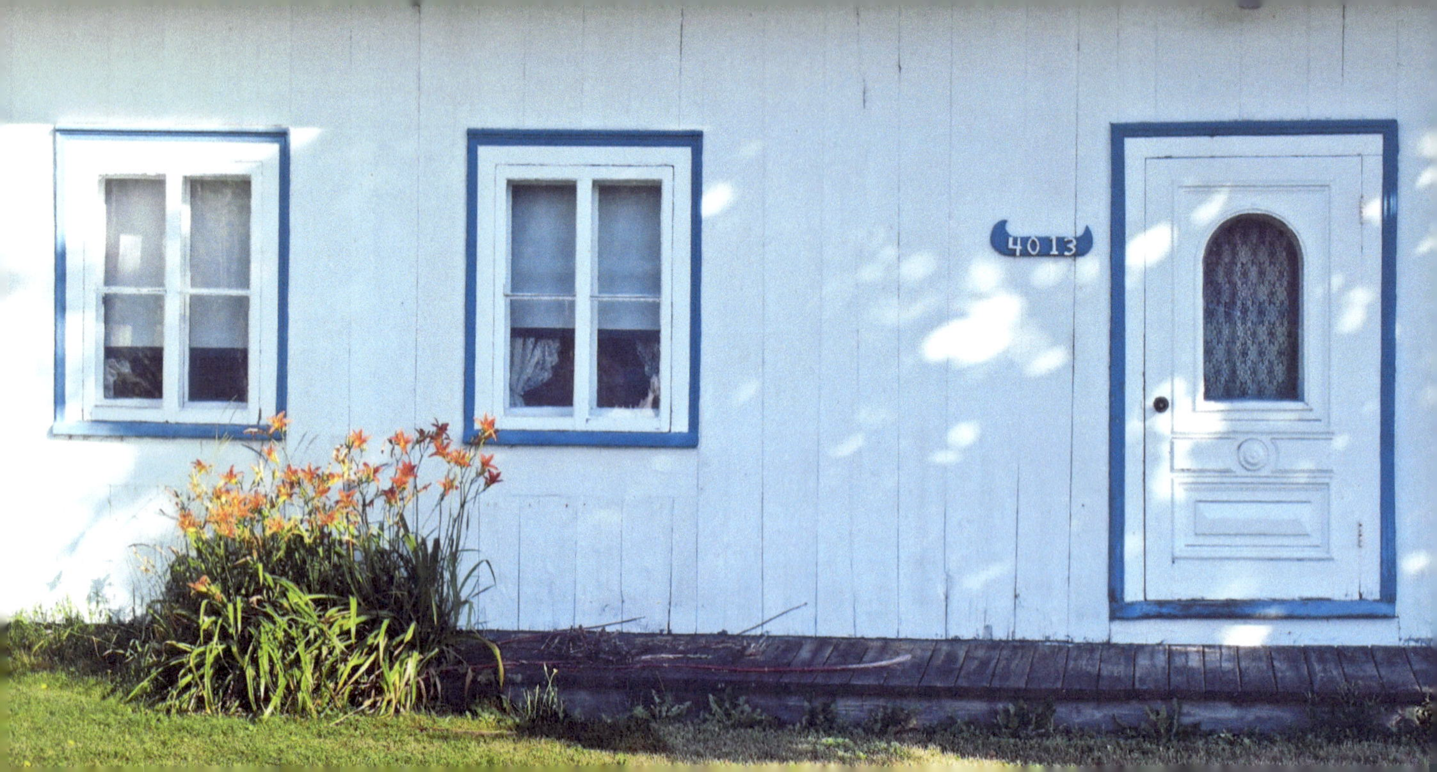
4013

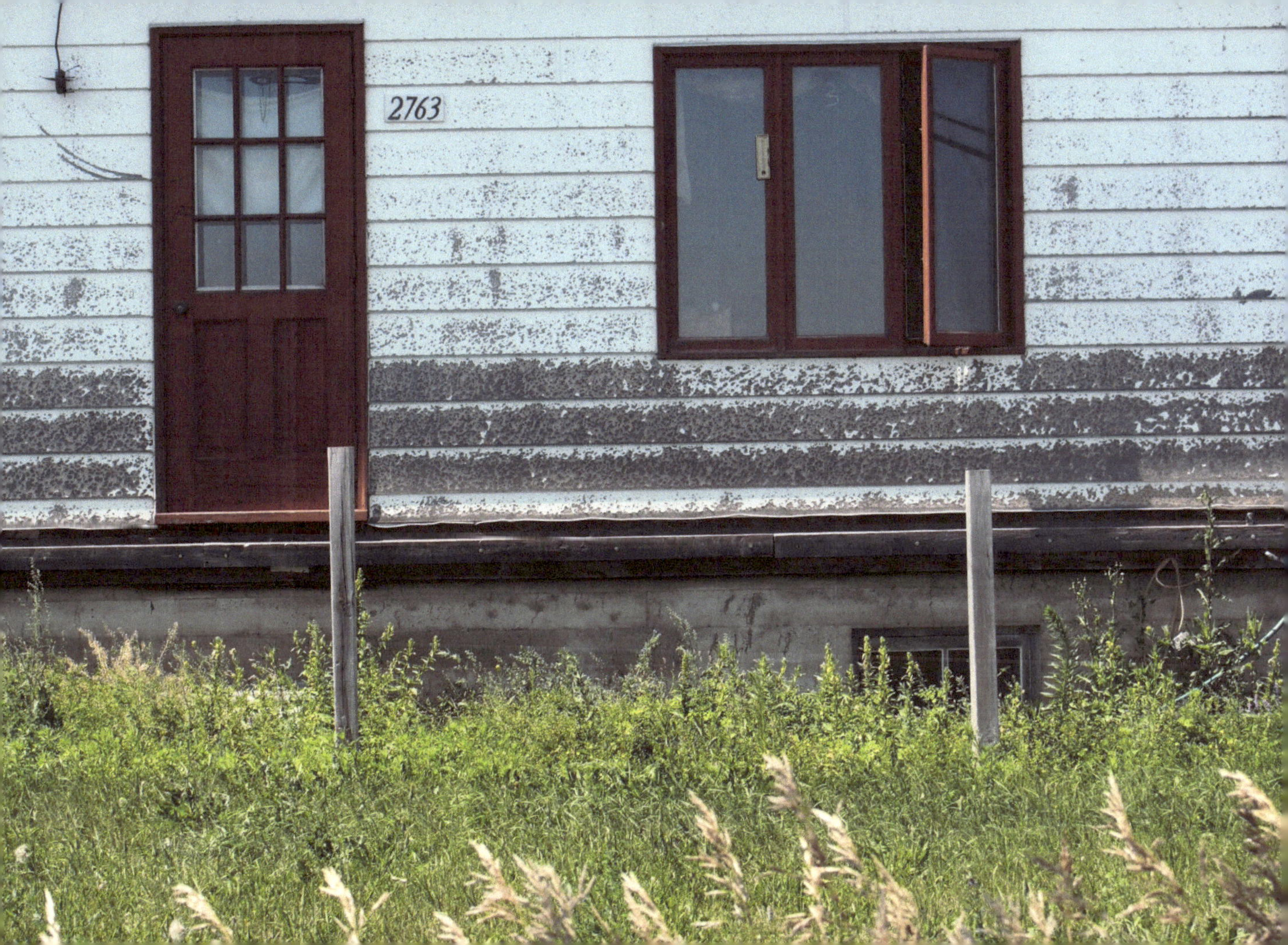
2763

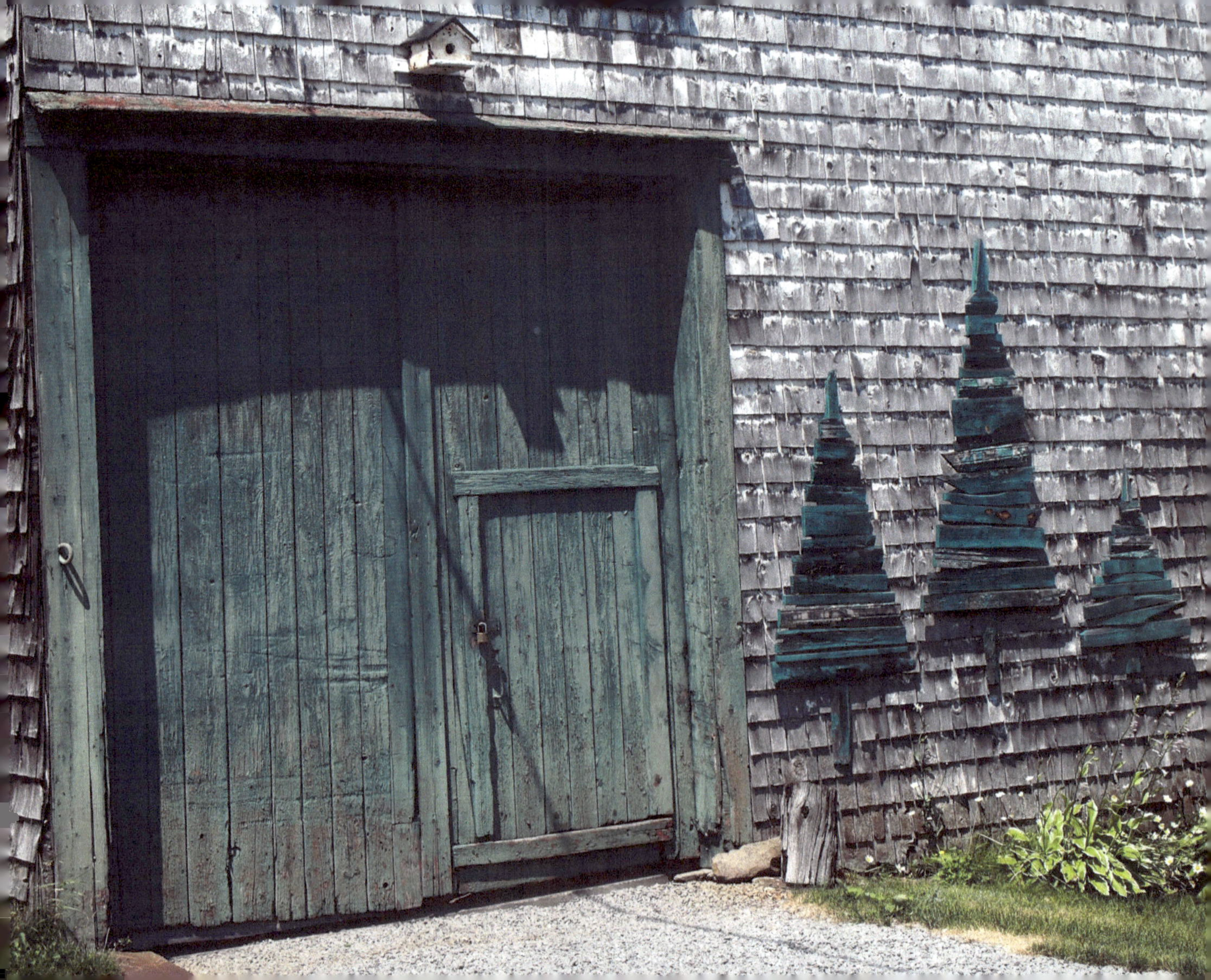

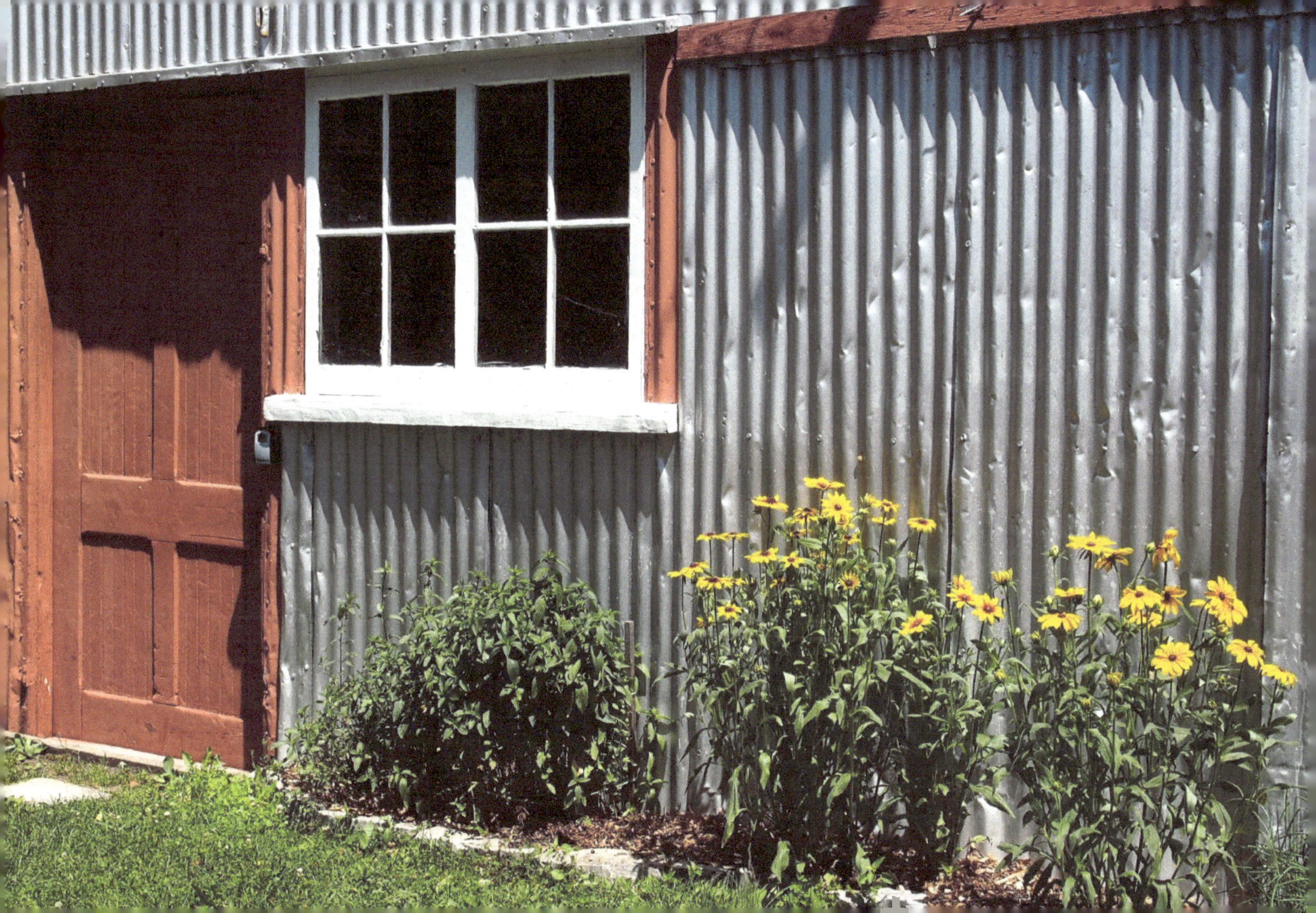

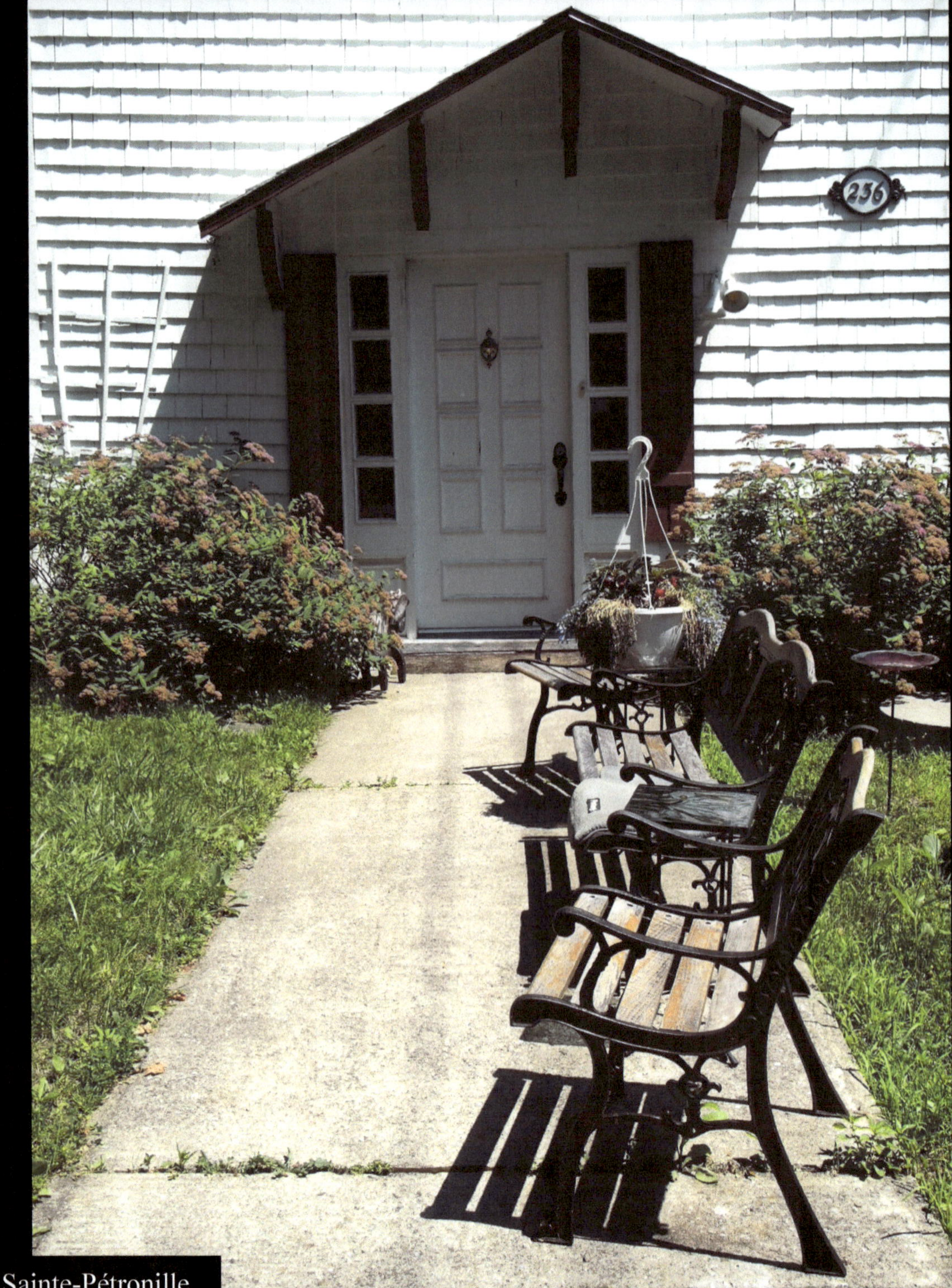
236

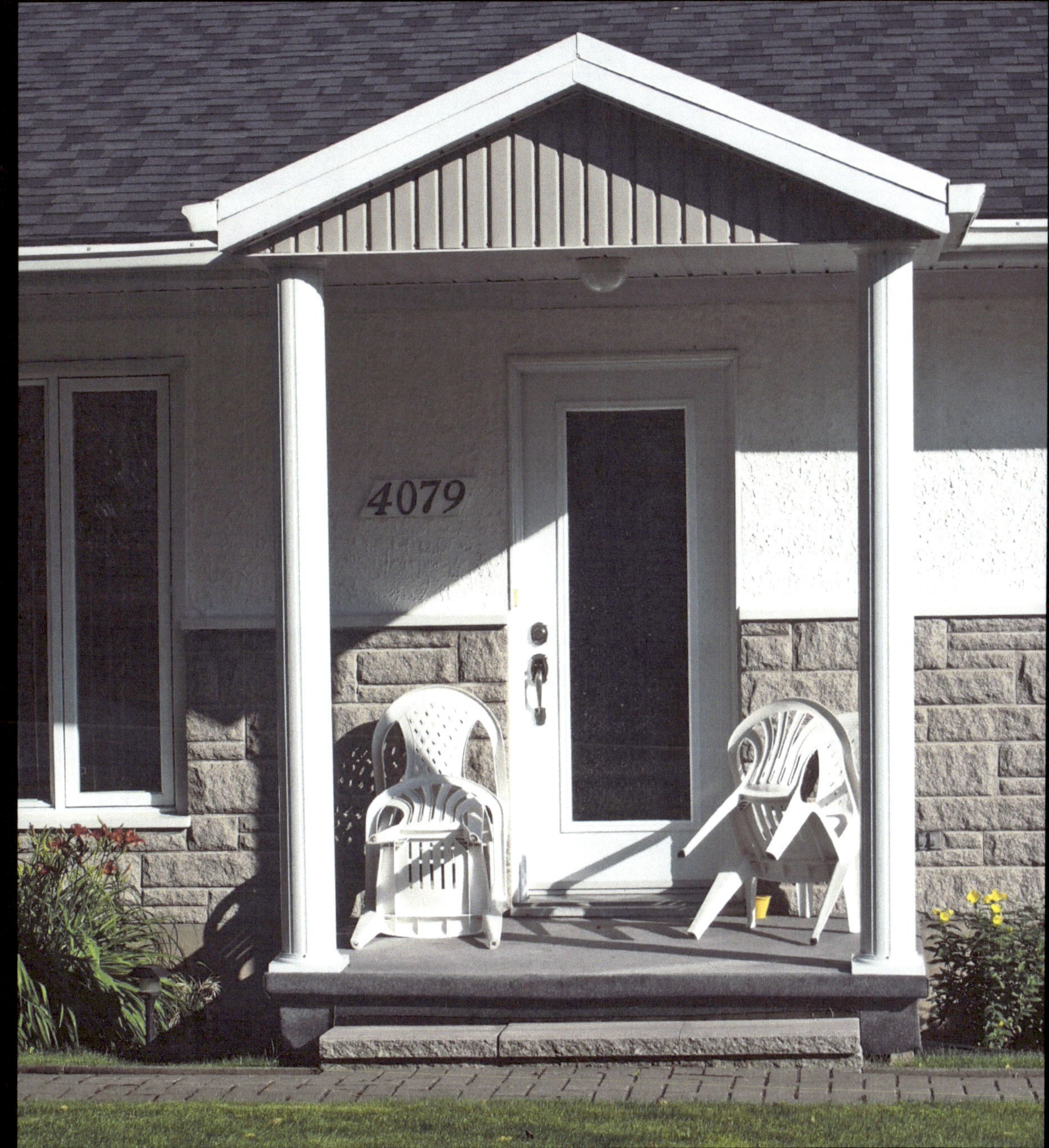
4079

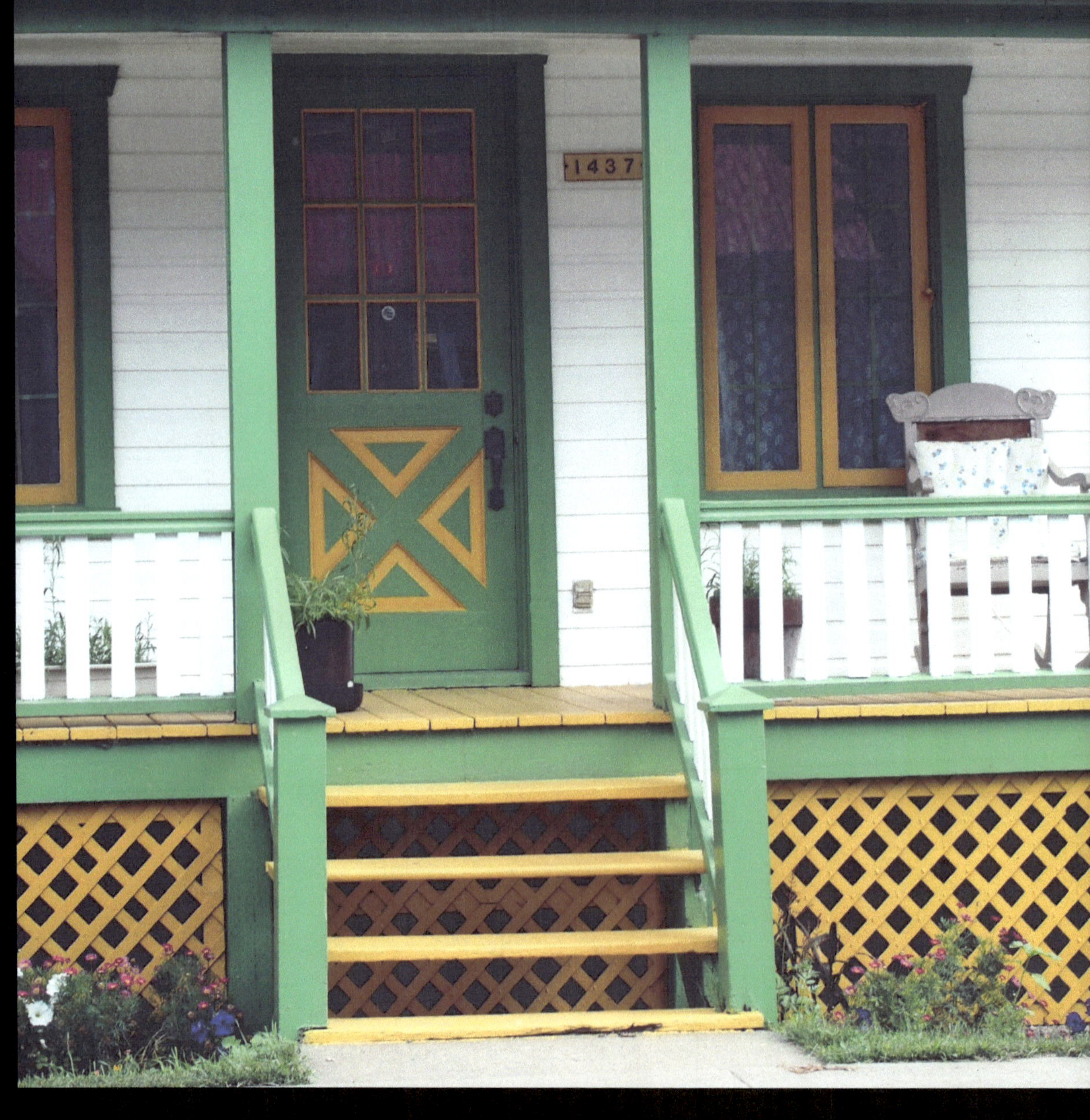

Saint-Laurent 1890

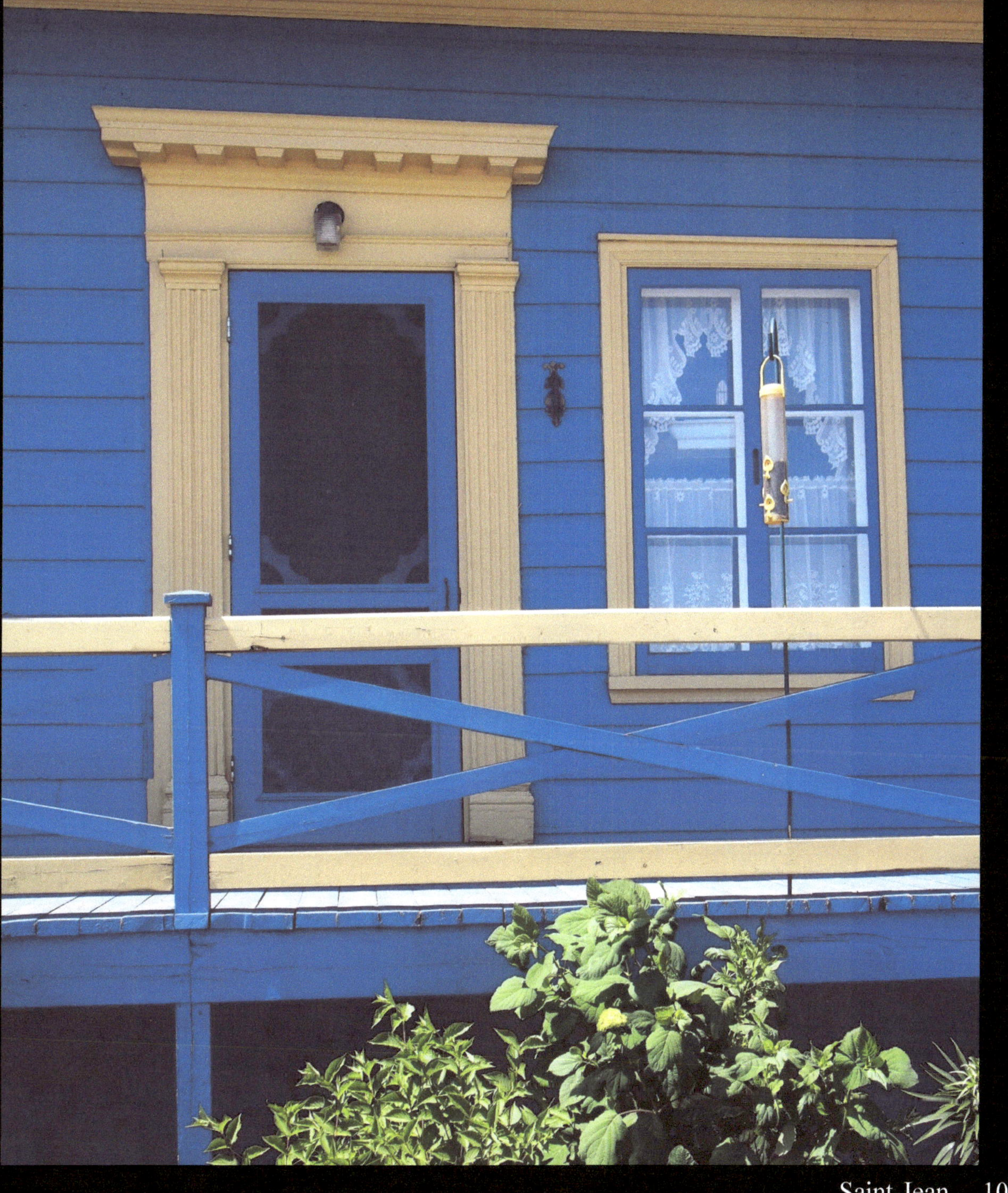

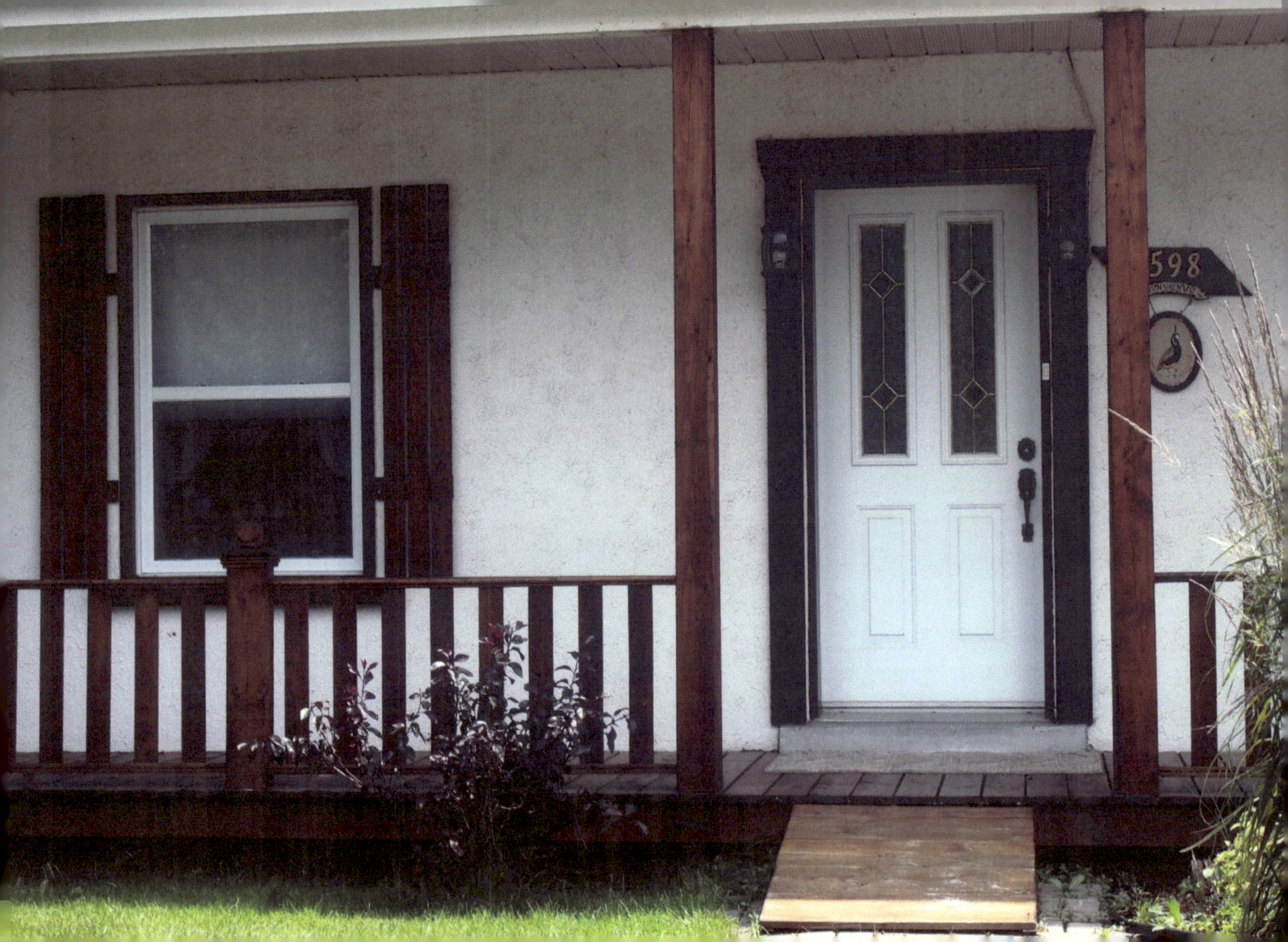
598

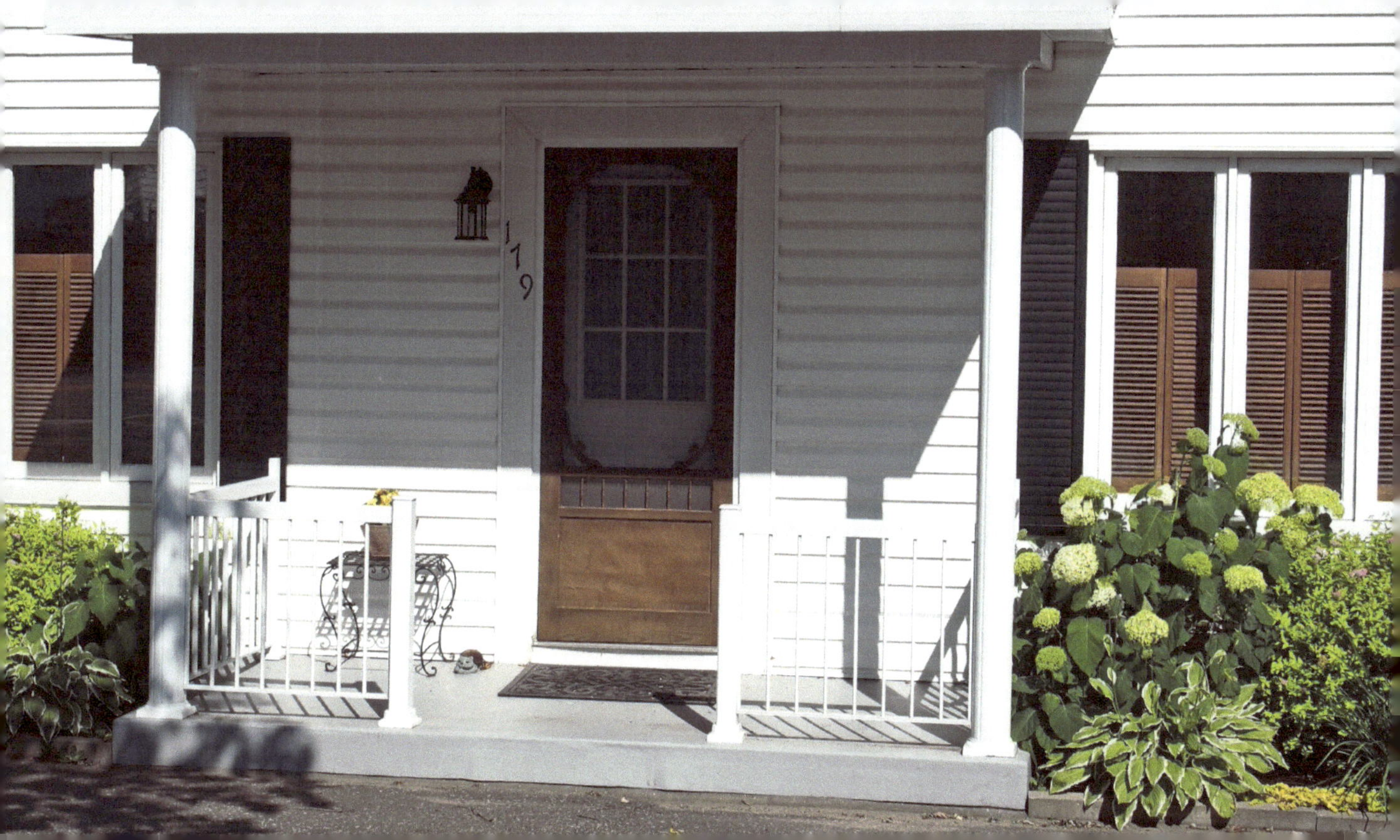
179

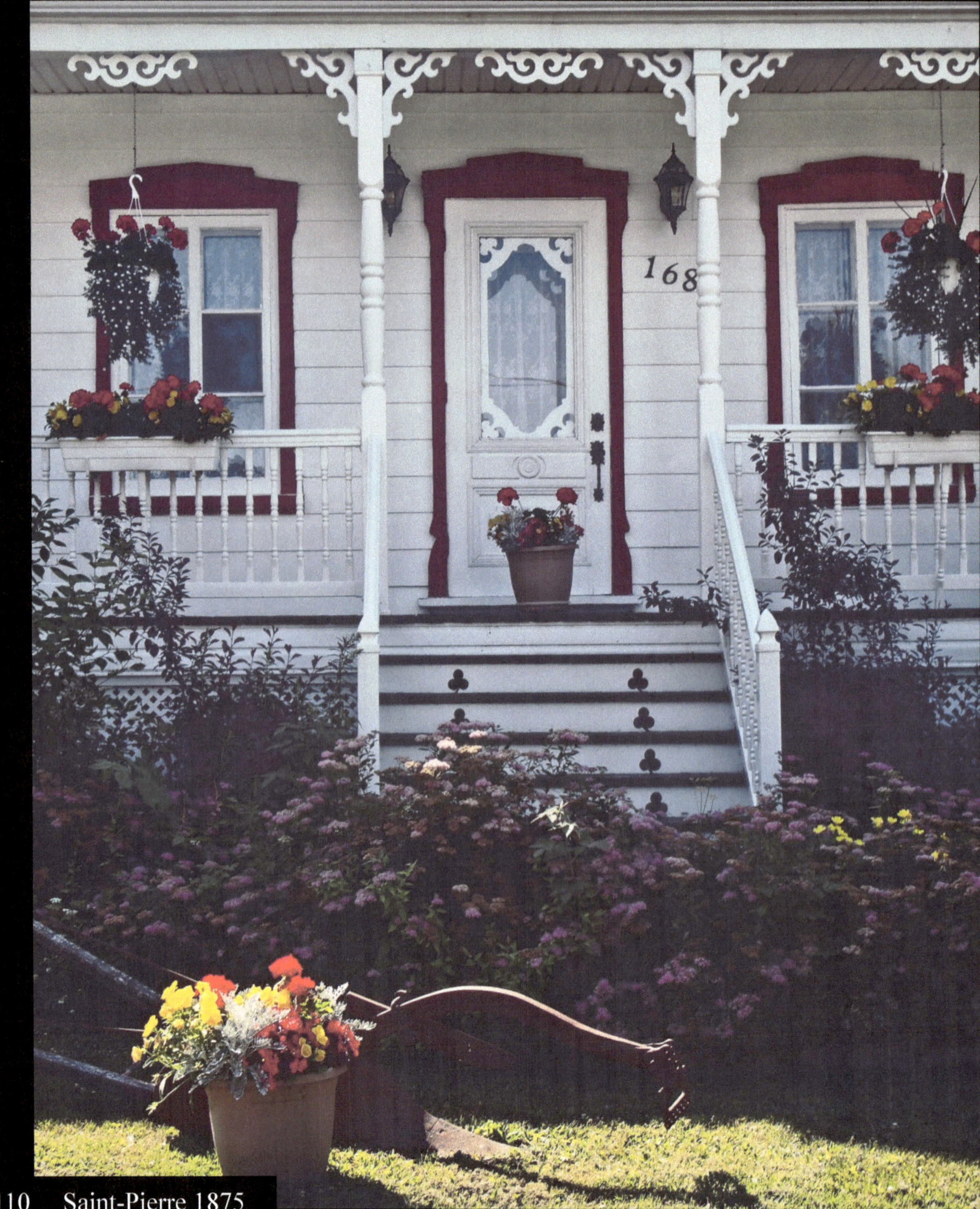

 Saint-Pierre 1875

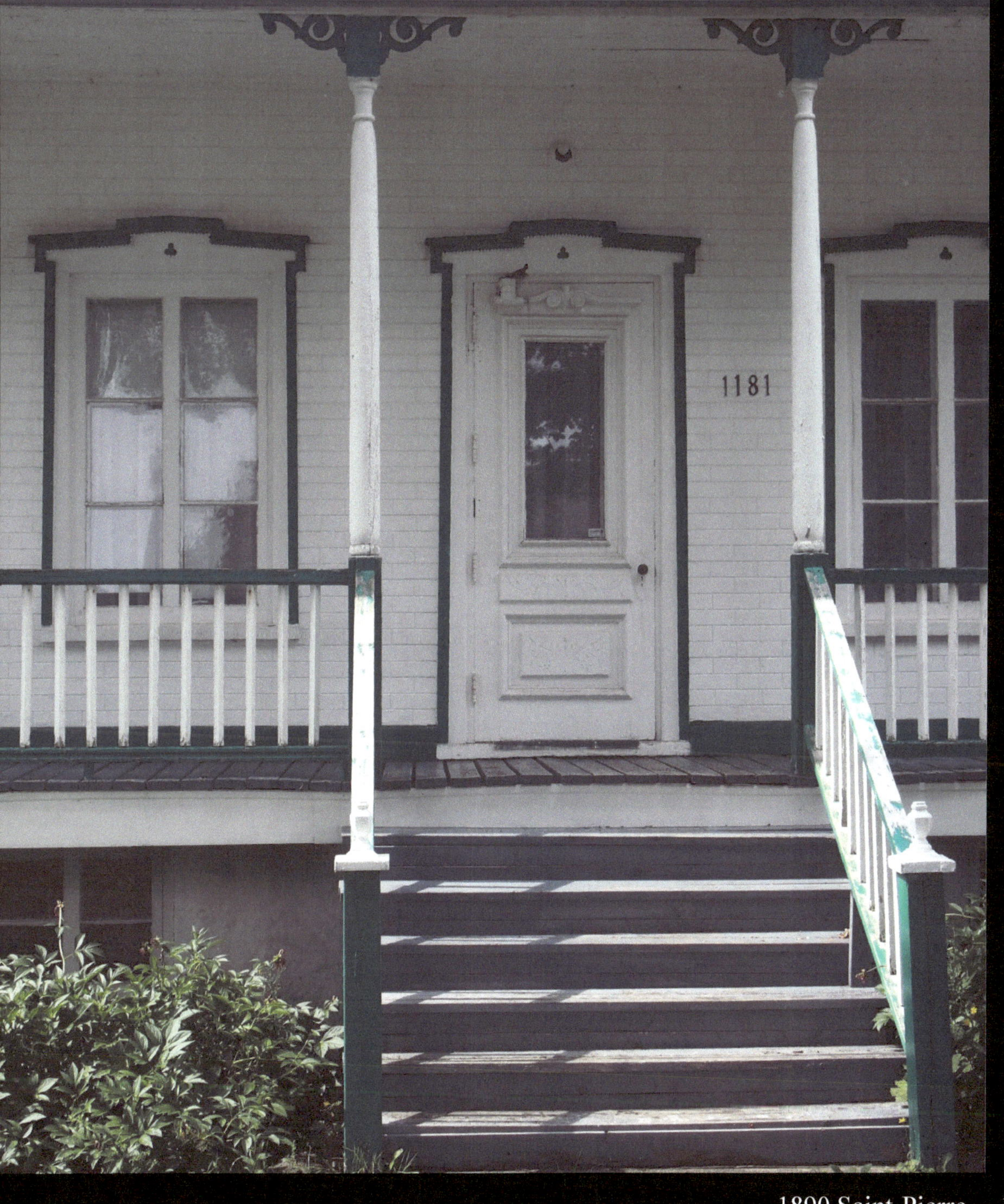

1890 Saint-Pierre

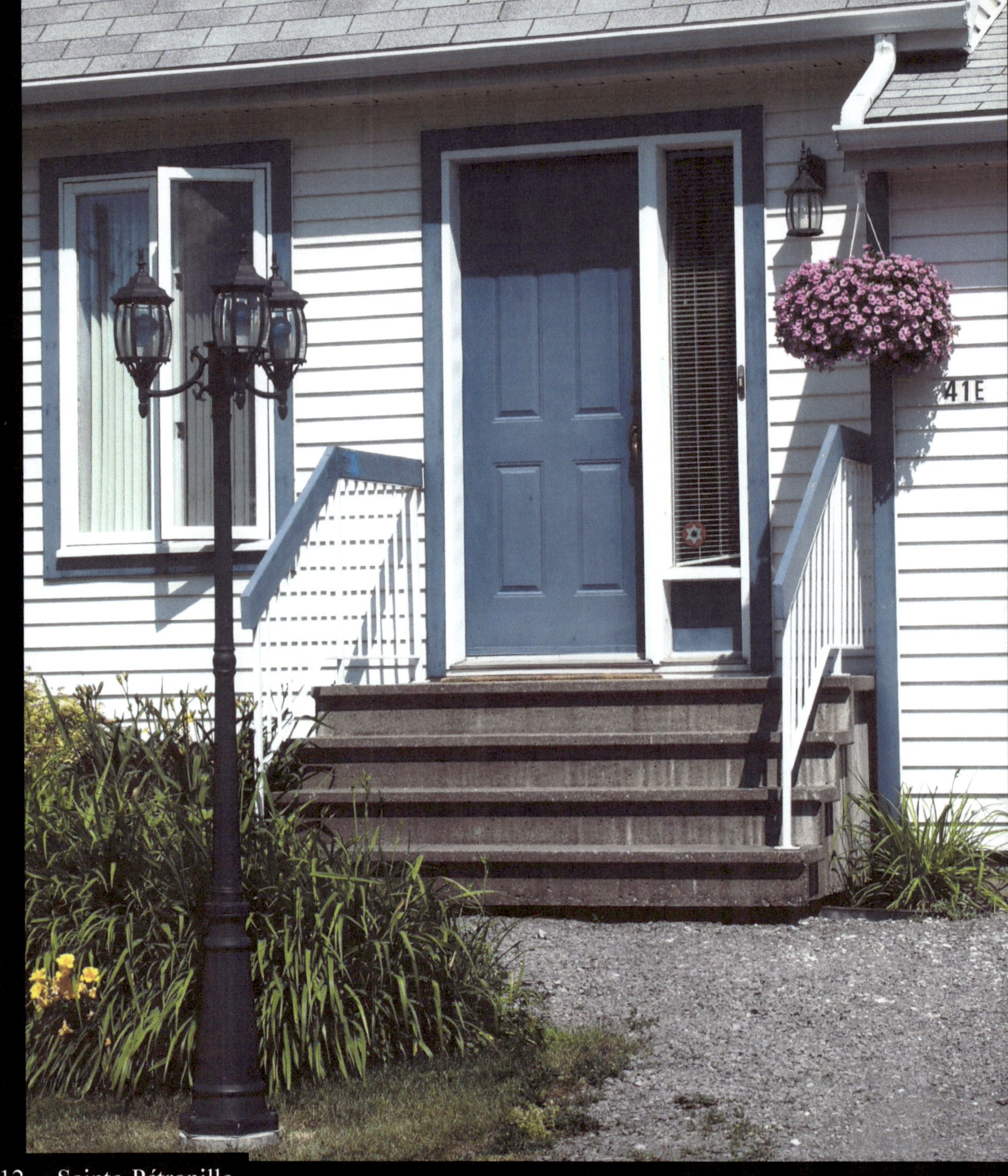
41E

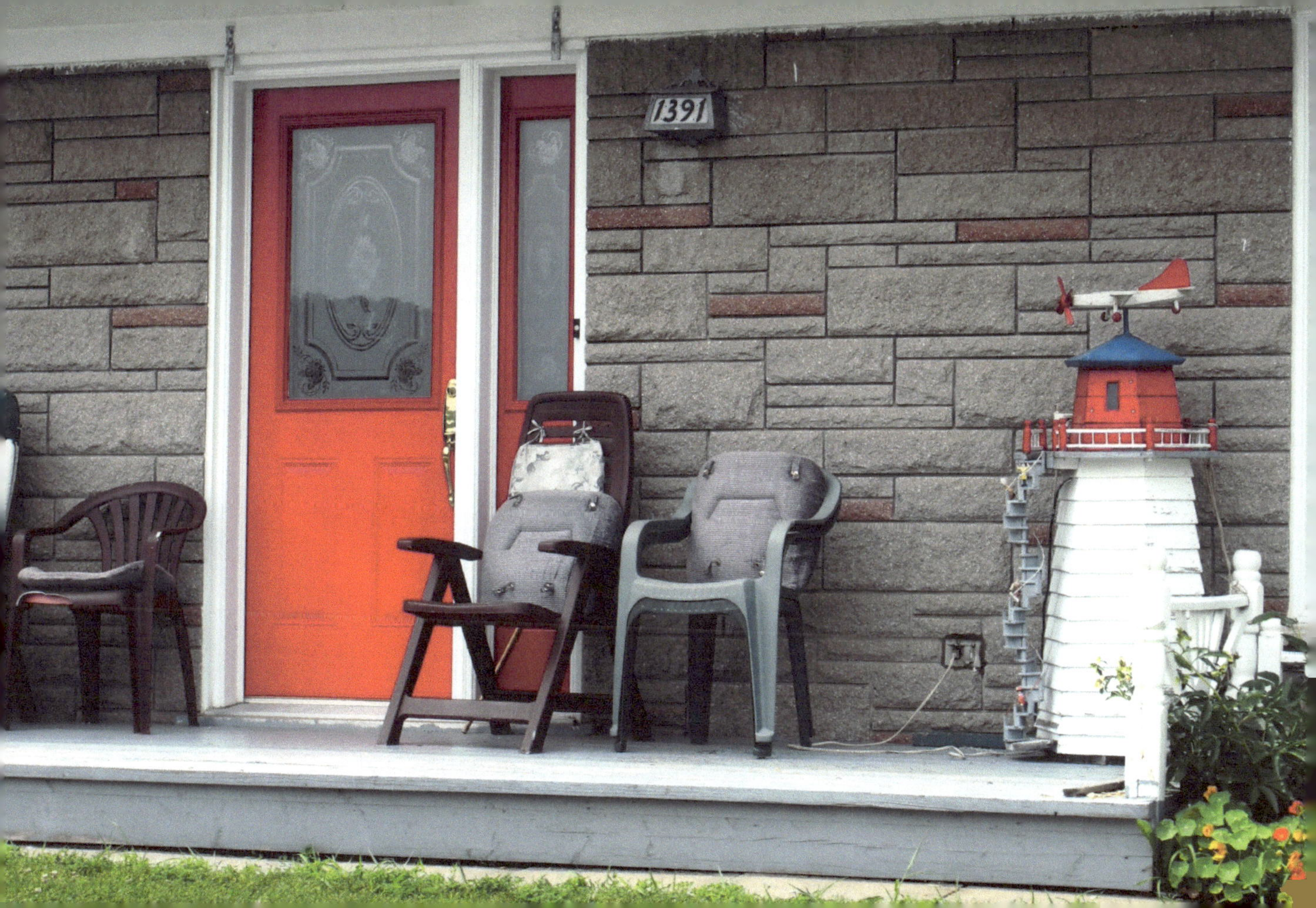
1391

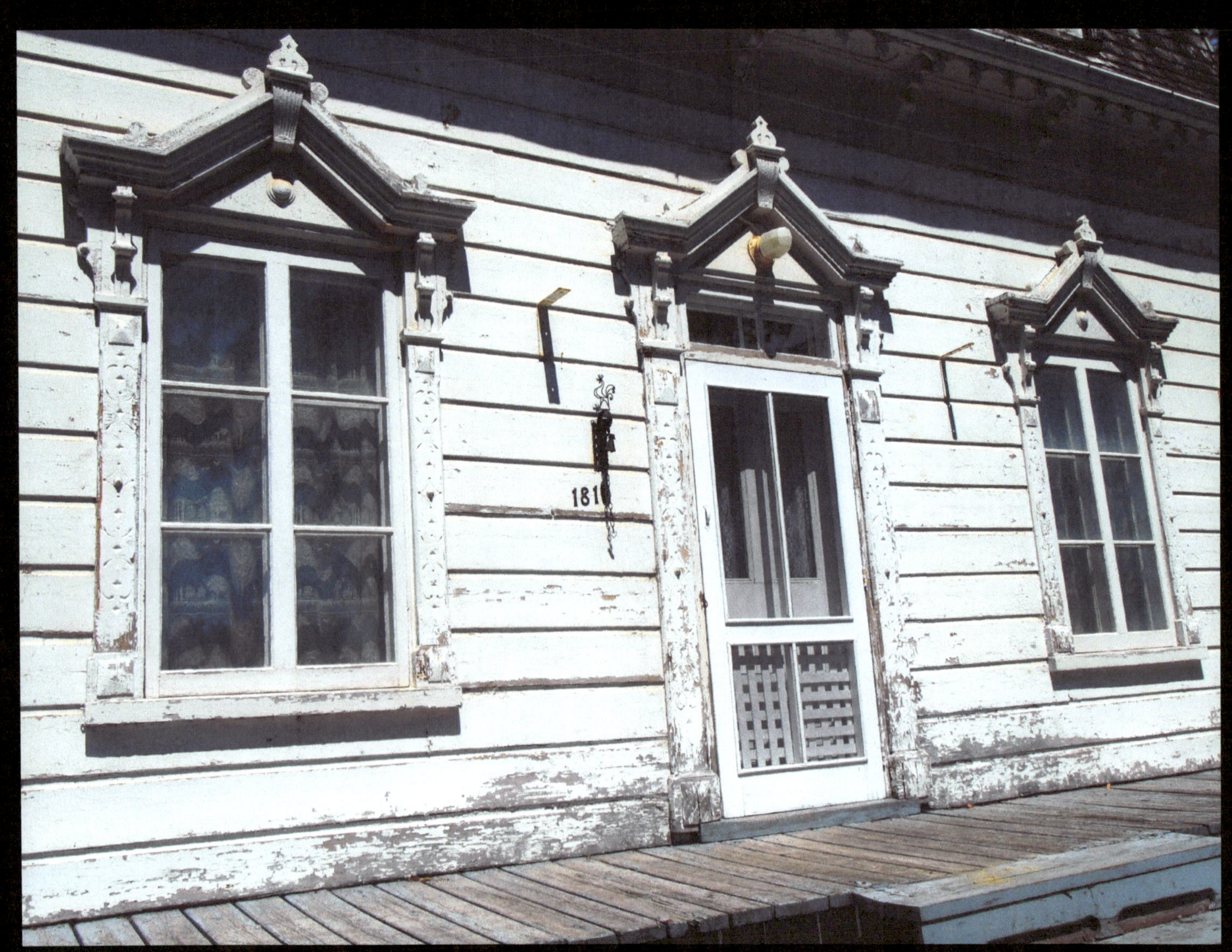
181

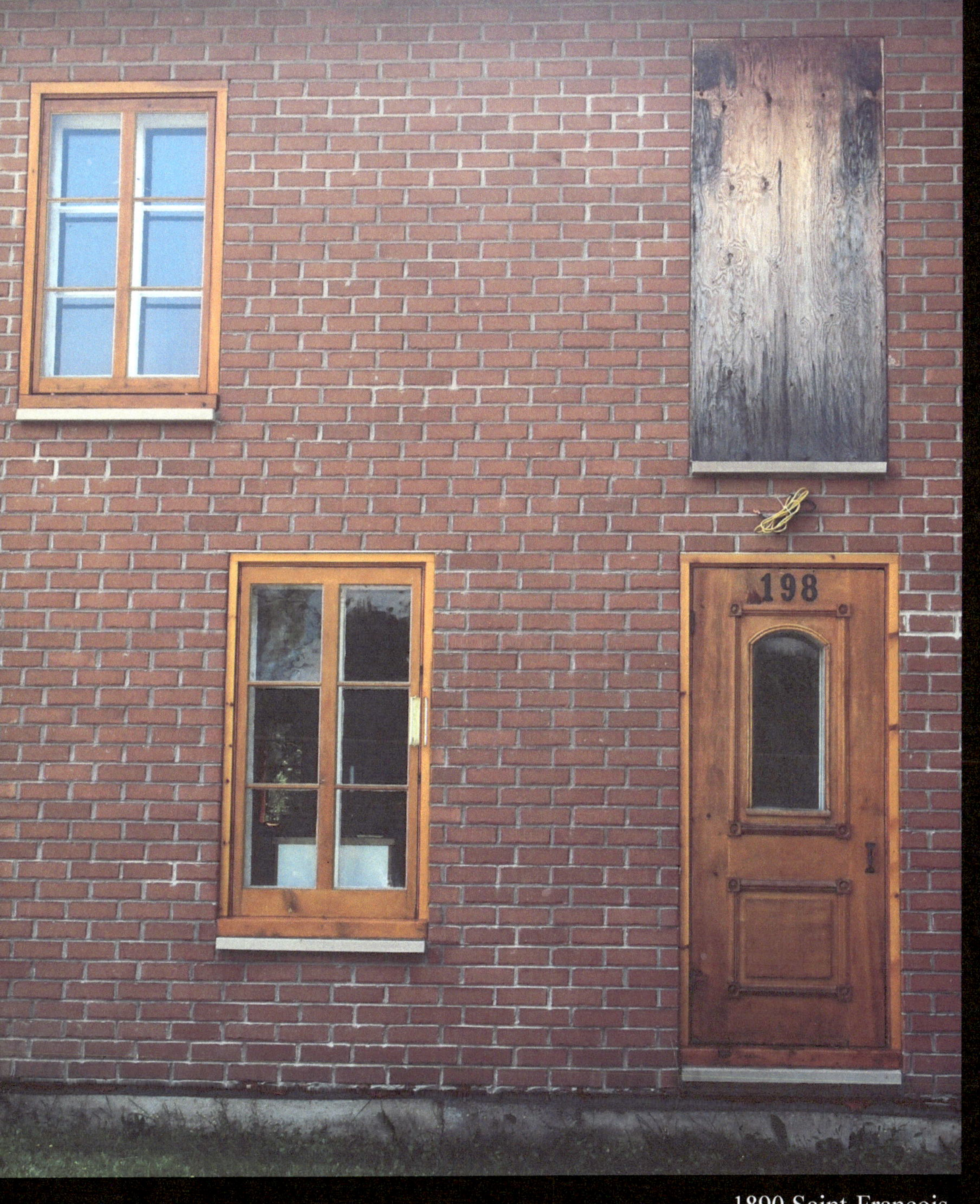
198

About the Author, written in French by Paule Bergeron of Québec City Tourism

Du moment que Debby a visité l'île d'Orléans pour la première fois, ce fut un coup de foudre instantané. Un court passage lors d'une visite guidée et elle fut envoûtée par l'île «enchanteresse».

Les grands espaces, les paysages et l'ambiance campagnarde de l'île lui ont laissé une forte impression et des images de vastes fermes bordées par le Saint-Laurent dont les terres s'étendent sans clôtures et où flottent les vêtements à sécher au grand air. C'était comme recevoir l'étreinte d'un vieil ami.

Elle a remarqué ça et là de jolies boutiques d'artisanat et de produits du terroir, des restaurants et des auberges invitantes.

Son vrai coup de foudre fut pour les jolies maisons de fermes à l'architecture noble et humble à la fois. Avec ses galeries invitantes, elle s'y est sentie attirée pour partager avec ses habitants la sérénité des lieux.

Dès le premier moment, elle sut qu'elle devait y revenir.

Lors de sa seconde visite, Debby a choisi de marcher autour de l'île d'Orléans, ce qui est peu commun. Elle en fut une sorte d'instigatrice. Elle souhaite prendre le temps de s'imprégner de toutes ses beautés et de revisiter son coup de foudre, pas après pas pour mieux entrer dans l'intimité de l'île.

Inspirée par Félix Leclerc et ses «42 milles de choses tranquilles» elle en a produit 42 blogues publiés sur le blogue, Debby's Departures, autant de raisons de visiter l'île d'Orléans.

C'est en ressassant les centaines de photos prises autour de l'île que lui est venue l'envie de publier ce livre «The Porches of île d'Orléans». Portes et fenêtres sont ses sujets préférés à photographier lors de ses voyages. Les photos des galeries invitantes des maisons de l'île d'Orléans lui ont fait revivre à nouveau son coup de foudre. Et c'est dans ce beau livre illustré que Debby nous les offre.

From the very first time that Debby visited Île d'Orléans, it was love at first sight. From one short passage on a guided tour, she was bewitched by this "enchanting" island.

The great wide outdoors, the landscapes, and the rural environment of the island had left a strong impression on her, along with images of vast farms bordered by the St. Lawrence River, whose lands lie without fencing, and where the clothes hang drying out on lines in the fresh air. It was like being hugged by an old friend.

She noticed everywhere on the island charming, small art and crafts boutiques, specialized food shops, restaurants, and inviting beds and breakfasts.

Her true love at first sight was for pretty farmhouses with noble and humble architecture at the same time. Under these inviting porches, she felt like she was invited to share the serenity of theses houses with their inhabitants.

From the very first moment she knews she would come back to the island.

During her second visit, as a sort of investigator, Debby choose to walk around Île d'Orléans, which is quite unusual. She wanted to take the time, to let her be soaked up by all the beauties of the island, and step by step, to enter deeply into the intimacy of the island.

Inspired by the famous Felix Leclerc's song, "42 miles of quiet things," she wrote 42 blog posts, as the many reasons to visit Île d'Orléans, published on her blog, Debby's Departures.

This is by mulling hundreds of photos she took around the island that came to her the desire to publish the book, "The Porches of Île Orléans." Doors and windows are her favourite photography themes when she travels. Pictures of those inviting porches of the houses of Île d'Orléans make her fall in love again with the island. And now she offers us those pictures in this beautiful book.

References/Information about Île d'Orléans:

Official Tourism Site for Île d'Orléans: tourisme.iledorleans.com/en

Tourist Information Center of Île d'Orléans: iledorleans.com
Including their booklet: "Religious Patrimony Île d'Orléans"

Québec City Tourism, Québec City and Area, Île d'Orléans: quebecregion.com/en/quebec-city-and-area/ile-d-orleans

Directory of Cultural Heritage of Québec/ Répertoire du Patrimoine Culturel du Québec: patrimoine-culturel.gouv.qc.ca

Footnotes:

1. Official Tourism Site for Île d'Orléans, History of Île d'Orléans:
tourisme.iledorleans.com/en/ile-d-orleans/history-of-ile-d-orleans

2. Tourisme Île d'Orléans Tourism, The Region:
tourismeiledorleans.com/introang

3. Canada's Historic Places:
historicplaces.ca/en/rep-reg/place-lieu.aspx?id=13574

4. Lachance & Bussell Family Genealogy Website:
lachance.org/lachance/ileorleans

5. The Apricity, Québécois Architecture:
theapricity.com/forum/showthread.Quebecois-Architecture

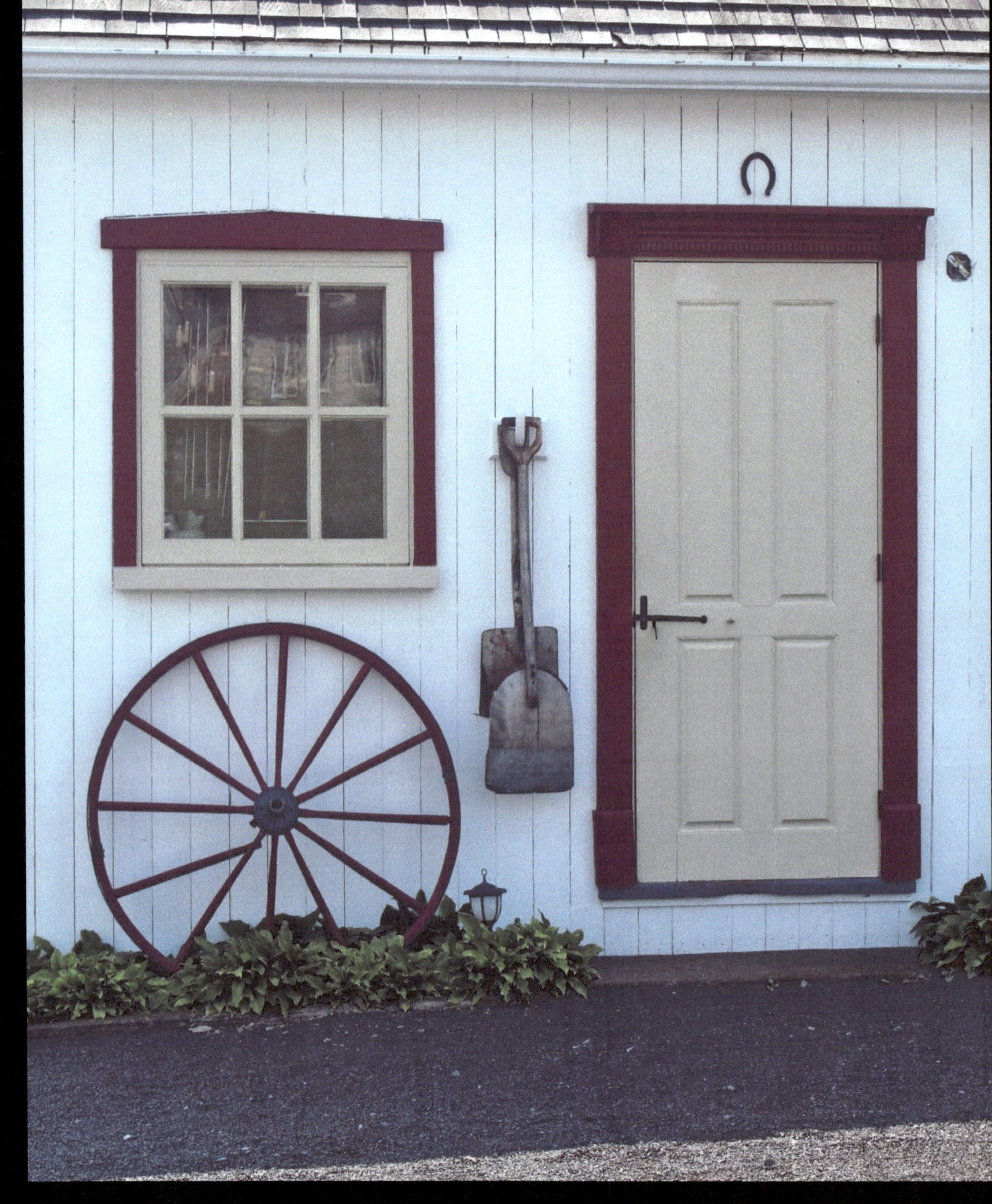

8 Saint-François

www.ingramcontent.com/pod-product-compliance
Lightning Source LLC
LaVergne TN
LVHW070214110826
845147LV00003B/574

* 9 7 8 0 9 9 6 0 8 3 0 0 3 *